REVUE DU CRIEUR

Une grève à soi

En 2016, cent mille femmes se sont mises en grève en Pologne afin de protester contre un projet de loi visant à interdire totalement le recours à l'avortement. Le 8 mars 2017, à l'occasion de la Journée internationale des droits des femmes, elles furent des centaines de milliers à arrêter le travail en Argentine. Un an plus tard, en Espagne, plus de cinq millions de femmes ont « *croisé les bras* » et participé à la *huelga feminista*. Et le 14 juin 2019, ce sont plusieurs centaines de milliers de Suissesses qui se sont déclarées grévistes et ont défilé dans les rues, s'élevant contre les inégalités entre les hommes et les femmes.

Ces grèves, ce ne sont pas seulement des interruptions du travail rémunéré. Afin de mettre en lumière les tâches invisibles réalisées jour après jour par toutes les femmes, ce travail gratuit dont dépend la société, elles y associent la suspension du travail domestique, éducatif et de soin. En somme, pas de courses, pas de cuisine, pas de ménage, pas d'aide aux devoirs, pas de visite aux parents âgés, pas de rapport sexuel – rien de ce que les femmes sont censées faire « *par amour* » et qui n'est que trop rarement compris comme un travail demandant du temps et des efforts.

En France, aucune grande grève des femmes n'a jamais été menée. Pourtant, les femmes sont déjà – et depuis longtemps – dans les rues, dans les syndicats, dans les associations, dans les partis. Elles manifestent contre la loi travail, avec les Gilets jaunes ou pour défendre leurs retraites (qui sont, rappelons-le, inférieures de 42 % en moyenne à celles des hommes). L'universalisme à la française fait certainement en partie écran à la nécessité de mener des grèves pour et par les femmes et ces luttes spécifiques semblent pour l'instant diluées dans les autres mouvements sociaux.

Mais aujourd'hui, les luttes féministes sont bien vivantes : campagnes d'affichage contre les féminicides, manifestations contre les violences sexistes et sexuelles, multiplication des ouvrages, podcasts, documentaires féministes… Gageons que cette vitalité retrouvée du féminisme laisse entrevoir un horizon prometteur et qu'en mars, nous pourrons enfin scander : « *Macron, t'es foutu, les sorcières sont dans la rue !* »

SOMMAIRE

LES AUTEUR·E·S

Heini-Sofia Alavuo est une journaliste finlandaise qui vit en Grèce. Elle aime les chats, la mythologie grecque grivoise et les mèmes.

Zoé Carle est chercheuse. Postdoctorante au Mucem, elle travaille sur les rapports entre littérature et politique et plus particulièrement sur les slogans et graffitis contestataires.

Mickaël Correia est journaliste (*Le Monde diplomatique*, *Mediapart*, *La Revue dessinée*).

Il participe à la fabrication collective du mensuel de critique sociale *CQFD* et de la revue *Jef Klak*. Il est l'auteur d'*Une histoire populaire du football* (La Découverte, 2018).

Benoit Galibert est photographe. Depuis plusieurs années, il développe une pratique essentiellement documentaire, avec une attention particulière accordée aux lieux et aux noms. www.benoitgalibert.com

Raphaël Krafft est grand reporter. Il réalise des reportages et des documentaires pour des radios francophones et anglophones

principalement sur les questions migratoires. Il a notamment publié *Passeur* (Buchet/Chastel, 2017).

Ludovic Lamant est journaliste. Passé par l'agence Reuters et la rédaction des *Cahiers du Cinéma*, il travaille aujourd'hui pour Mediapart, où il couvre les questions européennes. Il est notamment l'auteur de *Bruxelles chantiers. Une critique architecturale de l'Europe*, (Lux, 2018).

James McAuley est journaliste, correspondant à Paris pour le *Washington Post*.

Timothy Mitchell est historien, politiste
et anthropologue. Titulaire de la chaire
d'études du Moyen-Orient à Columbia
University, il est notamment l'auteur de
*Carbon Democracy. Le pouvoir politique
à l'ère du pétrole* (La Découverte, 2013).

Antoine Pecqueur est journaliste, spécialisé
en politique et économie de la culture.
Après avoir collaboré au *Monde*,
il travaille aujourd'hui pour RFI,
France Musique, *Télérama*,
La Lettre du Musicien, *Archicréé*…

Delphine Piterbraut-Merx est doctorante
en philosophie. Sa thèse s'intitule :
« Les relations adulte-enfant, un problème
pour la philosophie politique ? »

Nathalie Quintane enseigne dans le
secondaire. Elle a publié depuis 1997
une vingtaine de livres sans indication
générique, essentiellement chez P.O.L.
Derniers ouvrages parus : *Ultra-Proust*
(La Fabrique, 2018) et *Les enfants vont
bien* (P.O.L., 2019).

Isabelle Sylvestre, réalisatrice de films
documentaires et sociologue de formation,
a travaillé sur la question des nouveaux
médias et des changements politiques. Elle
a réalisé une dizaine de films pour l'émission
franco-belge *Strip Tease* ainsi que plusieurs
reportages et documentaires engagés.

Et aussi :
Yves Citton, professeur de littérature.
Jérôme Denis, sociologue.
Cy Lecerf Maulpoix, journaliste indépendant.
David Pontille, sociologue.
Nidal Taibi, journaliste.

OUVERTURE

PAR **Nathalie QUINTANE** PHOTOS DE **Benoit GALIBERT**

ÉDUCATION NATIONALE : RIP

Nathalie Quintane est unique. Elle entre en littérature comme on monte au front, au début des années 1990. L'époque se rêve en « fin de l'histoire ». À rebours, elle dit la possibilité – la nécessité – d'une poésie vivante, réfractaire, grinçante, spectre d'une certaine « modernité » hantant cette fade fin de siècle. Son œuvre entière est ainsi consacrée à faire dérailler les langues de bois et de plomb, à réencastrer la littérature dans la vie, à en faire (re)jaillir la puissance de subversion.

Depuis quelques années, ses livres cheminent sur une ligne de crête. Ils s'affrontent plus ouvertement aux soubresauts de l'époque, à ses points de friction. Ils explorent ses potentialités et possibilités, aussi. C'est encore la tension présente dans ce texte écrit pour le *Crieur*. Pour la première fois, Nathalie Quintane y évoque son métier d'enseignante du secondaire, qu'elle exerce depuis plusieurs décennies. Elle y porte un diagnostic sans appel : la mort terminale – au bout d'un long processus de falsification-renoncement initié par la réforme Haby en 1973 – de l'Éducation nationale, ou à tout le moins d'une certaine conception de l'Éducation nationale. Mais elle raconte aussi la vie, les désirs, la drôlerie et l'intelligence de celles et ceux que le « système » abandonne à leur sort, ou dont il s'arrange pour qu'ils et elles ne sortent pas de leur boîte...

Haby-Blanquer : même combat

Quand on entreprend la remontée des réformes (passées ou retirées), de la fosse des Marianne dans laquelle nous évoluons, entre amibe géante et poissons au corps transparent, vers l'oxygène et la lumière supposés des défuntes années 70, on est tout de même surpris, non par la relative cohérence (ou la relativité que nous sommes toujours prêt à accorder à la cohérence) mais par la cohérence sans failles et la continuité sans heurts de la direction prise depuis cinquante ans dans le but de réformer (euphémisme sympathique) l'éducation nationale. Haby-Blanquer : même combat.

Tout se résume à l'os en peu de mots :

1/ *Tu rabats la question de l'enseignement sur celle de l'emploi* (Savary83 : lutter contre le chômage par la recherche et la professionnalisation ; Vidal2019, reprise de Devaquet86 : re-retour des universitaires dans l'orientation et localisation ; Chatel2010 : rapprocher lycéens et monde professionnel ; Vallaud-Belkacem2015 : parcours avenir dès la 6ᵉ, puis dès le primaire, etc.).

2/ *Tu transformes ton ministère (de l'Éducation Nationale) en annexe du ministère du Budget* – les étudiants de 83 ne s'y étaient pas trompés, qui avaient défilé devant le dit ministère le 1ᵉʳ février de cette année-là. Pour ce faire, tu optionnalises (Haby75, timide peut-être, mais qui lance une idée dont tous les ministres successifs se ressaisiront, le plus fort au jeu de balle étant bien sûr Blanquer, l'optionnaliseur en série, qui ne va guère nous laisser au bout du compte en « *tronc commun* » que les maths, l'économétrie et le français ; Fillon2005 et 2007 : options cantonnées au contrôle continu et réduction à six matières au bac (quatre chez Blanquer) ; Darcos2009 : lycée « à la carte », etc.).

La preuve qu'Haby-Blanquer-même combat, c'est que je peux reprendre tel quel l'entretien que Jacques Derrida avait accordé à *La Nouvelle Critique* en mai 75 à propos de la réforme du premier. Il y parle de la « *ruse optionnelle* », qui permet de limiter l'enseignement, par exemple, de la philosophie, et donc de « *réduire le champ d'exercice de la critique* » (urgent après 68) ; de la « *réflexion libérale-neutre-objective-laïque sur un savoir-acquis* », queue du Mickey devenue notre bain quotidien ; de l'impasse qu'est la « *défense traditionnelle du* statu quo », défense démobilisée, démobilisante, toujours déjà en retraite, qui se trouve d'avance en situation de « *concertation* » avec le « *pouvoir* » ; et de la « *classe-de-philosophie* » (à laquelle nous substituerons ici « *baccalauréat* »), il dit que « *la réforme a fait apparaître qu'il n'était pas naturel, neutre et intouchable ; dès qu'il a cessé de répondre à telle transaction historico-politique, on peut le détruire comme on l'avait construit* ».

Ce n'est pas tant que tout est toujours-déjà ou que rien-de-nouveau-sous-le-soleil (sinon Haby aurait suffi), mais qu'il faut vingt fois sur le métier remettre ton ouvrage : Savary ne passe pas ? Tu devaquises. Devaquet ne passe pas ? Tu darcosses – et ainsi de suite.

En vérité, celles et ceux qui ont darwinniennement le mieux résisté à notre système scolaire, notre élite, c'est la bande de bourrins persévérants qu'on a au gouvernement.

↗ École maternelle Saint-Just, Aubervilliers (93), décembre 2019   ↙ École Robespierre, Nanterre (92), décembre 2019

Travail manuel

Ce que j'ai compris, après toutes ces années, c'est que les personnels de l'éducation nationale sont parmi les plus aguerris à repérer le débordement possible, c'est-à-dire à savoir que quel que soit l'état de stabilité ou de stase apparentes d'un moment, tout peut, d'un mot d'un geste ou d'un regard, partir brutalement en vrille, c'est-à-dire, et en considérant *a priori* les adolescents moins comme une population spécifique que comme un âge précis qui ne clôt pas à dix-huit ses désirs et ses arbitraires mais en établit un répertoire décliné ensuite plus poliment, que les personnels de l'éducation nationale ne perdent *jamais* de vue et ont toujours conscience que *tout* peut en général partir en vrille d'un instant à l'autre. Telle est la raison pour laquelle ils font toujours deux choses à la fois : dicter une dictée ET guetter ; expliquer un théorème ET surveiller ; raconter Napoléon ET guetter ; distribuer des copies ET surveiller, etc. Faire toujours deux choses à la fois, dont guetter. Avoir l'œil. Si on a un point commun avec les gendarmes mobiles, c'est celui-là.

Il ne nous appartient pas de veiller à ce que chaque élément prenne ou ait l'air de prendre plaisir à ce qu'il fait, c'est-à-dire soit d'accord. Je n'ai personnellement jamais connu de classe où il n'y ait pas de perte sèche, d'élève qui s'ennuie depuis le début jusqu'à la fin sans relâche, la moyenne, sur un groupe standard de 25, étant de 5 (qui s'ennuient) avec certitude, de 10 sans opinion, de 5 passionnés ou faussement désinvoltes. La constante, c'est que la plupart, à un degré plus ou moins élevé de conscience de ça,

ne sont pas d'accord et qu'on les laisse ne pas être d'accord, ce qui est la grandeur du métier, et qu'on surveille ceux qui ne sont pas d'accord, ce qui n'est pas la grandeur du métier.

Le boulot de l'élève, c'est à peu près ce que vous êtes en train de faire : lire du texte assis sur une chaise. C'est la position. Bon. Vous tenez combien de temps ? Il s'agit de tenir quatre heures le matin, trois heures l'après-midi. On se sert de ses mains pour tourner les pages, écrire, ouvrir une trousse. Ouvrir une trousse et fermer une trousse, et ce moment intense de la fermeture éclair qui glisse bien, à l'aller et au retour. Ouvrir une trousse. Fermer une trousse. Ouvrir une trousse. Fermer une trousse. Ouvrir une trousse. Fermer une trousse. Ouvrir une trousse. Fermer une trousse. Ouvrir une trousse. Fermer une trousse. Ou alors plier scrupuleusement un papier en quatre ou en six ou en huit et le glisser sous un pied de table pour qu'elle ne branle pas. Ou alors mettre son doigt dans le trou qu'a creusé quelqu'un au compas dans la table. Ou alors toucher du doigt le pull de sa voisine, son coude, pour qu'elle transmette. Ou alors démonter son stylo. Dévisser le capuchon, ôter le ressort et la cartouche, poser le capuchon, le ressort et la cartouche et le corps en plastique du stylo sur la table et les faire rouler avec le doigt et puis tout remonter. Détacher des bouts de gomme. Mettre sa main sur la fonte toute chaude du radiateur. Passer son doigt sur un mot gravé dans la table, ça fait une sensation. Fouiller dans sa trousse. Arracher des morceaux de papier peint. Arracher des feuilles dans son classeur, les rouler en boule.

Déchirer en petits morceaux une feuille et poser les petits morceaux en tas sur un coin de la table. Fin des travaux pratiques.

La tête des parents, quand tu leur annonces que pour leur môme une prépa-pro ce serait le mieux. Ta gêne, quand tu dois leur annoncer que pour leur môme une prépa-pro ce serait le mieux. Fleuriste, cariste, coiffeuse, maintenance, menuiserie, gestion-administration, aide à la personne. Neuf ans de galère avant de pouvoir toucher du bois. La tête de la môme, quand elle dit gentiment que oui, aide à la personne, c'est ce qu'elle veut faire. Ah non, lui il est trop petit; trop gringalet; trop à l'ouest; faut trouver autre chose : Maison Familiale et Rurale. M.F.R. Maison. Familiale. et Rurale. Y a des animaux. Neuf ans de galère avant de pouvoir caresser autre chose que la fermeture éclair d'une trousse. Le lycée pro. Métal, bois, bruit; gros costauds. La Maison Familiale et Rurale. Moutons, campagne, gentil. Le lycée général, normal. Mon fils, ma fille, n'ira pas chez les anormaux. Allons madame, il va falloir être raisonnable.

Dernièrement, deux trois bouquins sont sortis sur la nécessité de, comme on dit, *réhabiliter* le travail manuel. Ils ont été écrit par un Américain; ce n'est pas à un Français que l'idée serait venue. Depuis que j'ai commencé prof, la part du « manuel » n'a fait que régresser. Les rares cours où l'on pouvait encore construire quelque chose de ses mains, comme la technologie, ont fini de se dessécher avec l'arrivée de l'informatique. Tout est stérilisé.

L'estrade

Quand je suis arrivée sur le tard dans le bahut où je suis encore maintenant, quelque chose m'a surprise : l'estrade. Il y avait un paquet d'années que je n'avais plus vu d'estrade, devant le tableau, et là, il y en avait une, en bois, à lames, quinze centimètres, sonore. Je me suis viandée dessus deux ou trois fois : fallait penser à la marche. Avec le recul, je me dis que je n'ai pas fait grand-chose de cette estrade, à part des usages convenus (théâtre), ce qui est en micro la constatation macro qu'on peut tirer d'un passage court ou long dans l'éducation nationale, qu'on ne peut pas en faire grand chose, à part des usages convenus. J'ai dû y faire une fois un petit flamenco ; mais il aurait fallu que je prenne des cours de flamenco. Et donc me voilà face à cette chose étrange, redevenue étrange, comme une baleine échouée à côté du bureau du prof : une estrade.

Un jour, elle a disparu. C'est possible qu'ils aient refait la salle (cette rentrée où la colle du papier peint puait tellement) et que dans la foulée, ils l'aient embarquée. Et pas remise. Pourquoi ? est-ce que le patron leur a dit, ah non, les estrades, vous me les virez, c'est d'un autre âge – parce que c'était un accessoire ringard ? Est-ce que c'était le signe d'un changement de régime pédagogique, le signe qu'au beau milieu des années 2000, quarante ans après 68 et ses suites, enfin c'était rentré, et que la manière qu'on avait de signifier qu'on avait compris et que c'était rentré, c'était de faire descendre définitivement le prof de l'estrade en supprimant l'estrade ? Ou est-ce que c'était juste parce qu'elle était trop lourde et qu'ils avaient eu la flemme de la remettre ? En tout cas, ça a rendu la salle encore plus protestante. Quatre murs nus, dalles de plafond en polyuréthane, tableau blanc, tables beiges, chaises empilables en stratifié, bureau du prof, tour noire de l'ordi, point. Votre mission : loger de la vie dans un ensemble mort.

La première fois que je suis entrée dans un temple, au Danemark, ça m'a saisie. Y avait rien. Exactement comme dans une salle de classe. Rien aux murs ; des vitraux blancs ; des bancs alignés ; une chaire en plein milieu, qu'on ne pouvait pas rater. Dans une église catholique complète, on peut tout rater. On peut se curer le nez ou se caresser pendant la messe, les autres ont de quoi s'occuper ailleurs.

Ça remonte à si loin, que je ne sais plus à quel moment j'ai compris que le lieu était toujours plus fort que toi, et que si tu voulais changer quoi que ce soit, il fallait commencer par changer de lieu. Alors, on peut toujours coller des images sur les murs ; c'est ce que font les profs de langue, d'histoire, de lettres, ils collent ou font coller un maximum d'images sur les murs. Les salles des profs de maths, SVT, physique, sont plus honnêtes avec la vérité des lieux, qui est la hantise de la distraction. La disparition de l'estrade (plus que sa suppression – c'est de l'escamotage), qui vaudrait pour la disparition ou l'atténuation de la parole magistrale, tout ça ne change rien à la hantise de la distraction et au fait que rien du temps ne doit être perdu (pas une minute). Si on fait bosser les élèves à deux ou à trois, si on « mutualise », c'est pour que ce soit plus efficace ;

c'est parce que parler debout depuis une estrade n'est plus aussi efficace qu'avant. Sinon, c'est la même chose. Il s'agit d'être occupé tout le temps. De tuer toute distraction.

Les toilettes

Les toilettes, ç'a toujours été un problème, au collège. Aussi loin que je me souvienne, il fallait une copine pour te tenir la porte, tu posais tes pieds entre les boules et les plaques de papier rose trempé par terre, tu t'accroupissais en retenant ton souffle puis tu te jetais en avant pour éviter la tornade de la chasse ou, plus tard, tu t'appuyais d'un quart de fesse sur un rebord de cuvette et tu te reculottais rapide en évitant de penser à ce que tu venais de faire.

Quand je suis arrivée au bahut en tant que prof, c'en était à peu près là. Les premières années, c'était tolérable – il y avait du gâchis de papier, sans doute, mais le gâchis intégré d'un papier fin et raide que tu quintuplais pour ne pas avoir de merde sur les doigts.

Une fois, les dames du ménage se sont plaintes : non seulement il y avait des papiers partout par terre mais de la merde étalée sur un mur. Aux conseils de classe, on a dit que ça devait changer, qu'ils ne faisaient sans doute pas comme ça chez eux alors pourquoi au collège ?

↙ **Lycée Auguste Blanqui,
Saint-Ouen (93), décembre 2019**

↗ École maternelle Louise Michel, Arcueil (94), décembre 2019   ↙ École Jules Vallès, Saint-Ouen (93), décembre 2019

Des années passent, je longe les toilettes des élèves qui m'ont toujours l'air agitées et très mouillées. Une fois, je lis un papier scotché au mur des toilettes des profs : *Pourriez-vous, s'il vous plaît, penser à tirer la chasse d'eau ?* Un ou une ou des profs se lâchaient régulièrement dans ces toilettes par ailleurs équipées d'un petit radiateur et où l'eau de l'évier coulait bien chaude. Et puis l'an dernier on a atteint une limite. Les toilettes étaient tout le temps bouchées ; des élèves y jetaient par paquets le papier. Le patron et la vie scolaire ont décidé que c'était fini : les élèves ne pourraient aller aux toilettes que pendant la récréation et sous surveillance ; si jamais ils ne pouvaient pas se retenir pendant un cours, ils devraient passer d'abord chez les pions pour être accompagnés.

Dès que je pense à la merde, je pense à l'Allemagne. Je revois cette première fois où, dans une toilette allemande, ma merde flotte et tourne dans la cuvette plate, avant de disparaître après que j'ai eu loisir de la regarder. Je me demande comment font les élèves allemands. J'imagine des toilettes scolaires allemandes propres et sèches, dotées d'un papier épais et blanc. Je m'interroge alors : pourquoi les toilettes françaises sont-elles superlativement le lieu de la merde ? Notre hypothèse, qu'on ne se comporte pas dans les toilettes d'une institution comme dans celles de son domicile, est-elle vérifiée ? Les élèves iraient dire tout ce qu'ils pensent de l'école en bouchant les cuvettes et en chiant partout une merde en quelque sorte institutionnelle, dans l'idée de bloquer tout, en commençant par les tuyaux d'évacuation ?

Je me souviens que pendant ma troisième, en 78, une alerte à la bombe nous avait tous massés dans la cour ; que pour, enfin, ne plus aller à l'école, ne serait-ce qu'une demi-journée, il fallait ça : une alerte à la bombe ; il fallait taper très haut pour en obtenir de positives retombées. Des jeunes imaginaient-ils qu'en saccageant définitivement les toilettes, en empêchant l'ensemble du corps enseignant, administratif et scolaire, de se vider, ils comprimeraient jusqu'à explosion la totalité de l'institution ? Que c'était la seule solution pour qu'enfin tout s'arrête. Mais hier, ma belle-mère me racontait qu'ayant autorisé les copains de collège de son petit-fils à venir fêter un anniversaire chez elle, ils s'étaient toute la nuit succédé aux toilettes après avoir bu trop de Coca et les avaient bouchées en utilisant trop de papier. Trop de papier. Cette appréhension, plus que cette horreur, que la merde ou l'urine vous colle aux doigts. Ces kilos de papier merdeux qui disparaissent à jamais, croit-on, et s'accumulent dans les mémoires.

Radiation 1

C'est par l'affaire Cavallero que j'ai rencontré Françoise : elles s'étaient toutes les deux fait virer de l'éducation nationale au début des années 70. Sur le coup, je me suis demandée s'il y en avait eu beaucoup, des cas comme ça, de jeunes profs issus de Mai et désireux d'en tirer toutes les conséquences. J'ai moi-même des souvenirs flous et précis de cette époque – j'étais au collège, le collège Gustave Courbet de Pierrefitte-sur-Seine, au milieu des années 70. On parlait politique avec le prof de maths, inégalités, injustices, et il y avait une évidence à parler de ça avec lui. C'était normal ; important et normal. Les choses graves, il vaut mieux en parler. On réalisait. On atterrissait. L'atterrissage à quatorze ans n'empêche pas l'enthousiasme. Ce prof, d'ailleurs, l'était, enthousiaste ; sans doute encore *dans la lutte*. Au lycée, j'en ai eu un autre comme ça, mais totalement déprimé – on était à l'aube des années 80. Il était gai, à faire son cours, avec une tristesse irrémédiable dans le fond.

Françoise et Nelly, elles ne se sont pas fait virer du lycée où elles enseignaient pour des raisons politiques ; pas directement politiques. Ils sont passés par les *mœurs*, comme on disait. En plein cœur de l'affaire, Nelly avait, par provocation, listé les 4 manières d'être radié si on en avait marre de l'éducation nationale : en 1. demander aux élèves des exposés sur les professions et rémunérations de leurs parents ; en 2. demander des exposés sur la période de l'Occupation dans leur ville ; en 3. idem, mais cette fois-ci sur la question de l'avortement ; et en 4., s'il n'y avait toujours pas eu de scandale, parler ouvertement de sexualité. En vérité, ni l'une ni l'autre n'ont été radiées pour l'une de ces 4 raisons. Ça a été bien plus tortueux que ça, naturellement.

Comme, alors, on ouvrait parfois un cours en écoutant les élèves, certains d'entre eux avaient demandé à Françoise s'ils pouvaient discuter d'un tract, distribué à la sortie du lycée, un tract portant sur l'expérience d'un instituteur, Jules Celma qui, en gros, et c'est exactement

comme ça qu'on le résumerait aujourd'hui, avait laissé les enfants faire ce qu'ils voulaient, et donc les enfants en étaient venus à dessiner beaucoup, et dans leurs dessins, à faire des kikis et des zézettes. Scandale absolu. On ne dessine pas des kikis et des zézettes à l'école. Il n'y a que les artistes à être autorisés à dessiner, peindre, filmer et rendre publics des kikis et des zézettes. Picasso en a dessiné beaucoup. Dans la classe de Françoise, on parle de ce tract. À lire les courriers des parents, inspecteurs, et tout le tralala, on comprend : on préparait un peu trop mollement le Bac dans ce cours aux yeux de certains (le lycée était un excellent lycée) ; le prétexte était tout trouvé pour se débarrasser de cette prof moderne.

Françoise a donc quitté le lycée, elle a exercé divers boulots – en usines, et pas spécialement modernes, elles (je cite Françoise : « *Ça ressemble à celle de* La Grève *d'Eisenstein. PLUS LE BRUIT. Les machines sont comme noircies par la fumée, tout est électrique. Sur mon passage pour rejoindre la machine automatisée à laquelle je suis affectée se trouve une ÉNORME PRESSE qui me semble faire de 6 à 8 mètres de haut.* ») ; ensuite, elle a suivi une formation d'agent technique électronicien mais n'a pas trouvé d'emploi. Dans une lettre, qui résume cette période allant d'octobre 71, date de sa radiation, à octobre 1982, date de sa réintégration dans l'éducation nationale à la suite de l'amnistie Mitterrand, elle précise qu'il n'y a aucun rapport entre ces embauches en usines et la politique dite d'établissement : « *S'établir suppose qu'on fait le choix d'abandonner une situation*

↗ Collège Jean Macé, Clichy (92), décembre 2019

↙ Collège Rosa Luxemburg, Aubervilliers (93), décembre 2019

professionnelle avantageuse pour se retrouver dans les soutes de la machine sociale. Ce n'est pas mon cas puisque je n'abandonne rien. Je n'ai simplement plus cette situation avantageuse. » De 82 à 2003, elle enseigne à nouveau, essentiellement en lycée. Dans un « *épilogue* », elle écrit : « *Je n'ai pas aimé mes années d'enseignement dans le secondaire, avant radiation ou après réintégration. Je fuyais les salles de profs… et à part avec quelques élèves isolés je n'avais pas de rapports que j'aurais plaisir à évoquer.* »

Radiation 2

L'affaire Cavallero a lieu quatre ans plus tard, en 75/76, dans la ville où je vis encore, une préfecture encaissée où coulent une rivière et ses rus, avec leurs trous d'eau, leurs cascades. Débarque de Paris (et c'est déjà un tourment, une anomalie moins qu'un tourment) une jeune normalienne agrégée de philosophie vêtue d'une longue cape noire (l'ami qui m'a parlé la première fois de cette histoire, qui n'habitait plus la ville à l'époque et n'a jamais croisé Nelly, a tout de même mentionné cette longue cape noire qu'elle portait). Nelly est belle ; on le voit sur les mauvaises photos en noir et blanc que publia la presse à scandale, *France Dimanche*, *Ici Paris* et *Nice-Matin*, dite *Nice-Putain*, dont un article déclencha l'affaire.

Dans ses cours, on parle ; on parle librement, c'est-à-dire qu'on y parle de ce dont on ne parle pas, en France en général, tout autant dans les grandes villes comme celle où Françoise enseignait quelques années auparavant que dans les petites villes de province. On y a parlé, c'est sûr, d'avortement – Nelly militait au M.L.A.C, le mouvement pour la liberté de l'avortement et de la contraception. Il y avait dans un café de cette ville une arrière-salle où venaient les femmes, les jeunes filles ; des femmes de flics y venaient aussi, en repérages. Et puis elle avait acheté un local, dans une maison du centre ; les jeunes y passaient, peut-être des lycéens, et même des homosexuels. On l'accusa de s'être baignée nue dans un trou d'eau avec des jeunes gens, de faire grève avec les agents par solidarité, de faire lire Antonin Artaud. Les jeunes gens concernés se vengèrent (et la vengèrent sans doute) en distribuant largement dans les boîtes aux lettres un long tract en l'honneur des pédés : « *L'homosexualité est donc bien le problème, non des pédés, mais celui de toute une société dont les finalités sont la production et non le bonheur des gens et d'une société bâtie sur la force et la violence. Ainsi l'homosexualité vécue non plus comme une honte dans le privé mais publiquement […] devient…….. UN ACTE POLITIQUE.* » Il y eut un procès. Elle fut radiée de l'éducation nationale – ou plutôt suspendue. Elle réintégra au moment Mitterrand puis enseigna jusqu'à la fin de ses jours. Quelqu'un m'a dit qu'elle aimait plutôt ça, enseigner.

Aujourd'hui, les gens disent qu'elle a pris cher pour un pédé ; que le véritable fautif, c'était le pédé. Ce que je retiens, c'est la manière dont elle a essayé de négocier avec l'institution, la travaillant à la fois de l'intérieur et à l'extérieur, avec ce local où traiter en somme tout ce qui ne pouvait pas être pris en charge par l'établissement. En élargissant à la ville entière, petite, son champ d'action, peut-être pensait-elle pouvoir prendre à revers l'établissement, y imposer progressivement l'évidence du droit à l'avortement, à une parole libre sur la sexualité et, *via* les enfants, remonter jusqu'aux parents, coincer les parents, c'est-à-dire les Français de ce gros village, représentatifs d'une majorité (celle qui n'avait, au final, pas voulu de 68) – sa cible, en réalité, c'était ce village. Les habitants ne s'y sont pas trompés, qui ont trouvé le moyen de la coller au tribunal et de s'en débarrasser, comme d'une gêne.

Car si vous parlez d'avortement (de politique) en cours, on parlera d'avortement (de politique) le soir à la maison. Mais comment s'articule l'émancipation proposée aux enfants et la guerre déclarée aux parents ? Comment se supporte une guerre déplacée dans toutes les familles ? Et est-ce que les choses se passaient invariablement ainsi : quelqu'un débarque et déclare, voire débarque pour déclarer, que vous qui vivez là tenez plus aux convenances, et plus à l'argent qu'aux convenances, qu'au bonheur de vos propres enfants, tout plutôt qu'une fille avortée et un fils pédé, si bien que vous ne comptez pour rien la souffrance parce que vous ne comptez au fond pour rien la vie (la santé oui, la vie non), et que par conséquent vous êtes prêt à enjamber des morts ; les mis en demeure cherchent alors un moyen de la ou le faire taire ; une poignée la ou le soutient, y reconnaissant ce qu'ils n'ont pas le courage de faire ; l'institution récolte et en sort lavée, ragaillardie.

L'absentéisme

L'absentéisme, c'est devenu la hantise. Absentéisme des élèves, absentéisme des profs. Les régimes démocratiques ou simili ont besoin d'adhésion, ils ont plus besoin d'adhésion qu'une dictature : comment, tu es dans le pire des systèmes à l'exception de tous les autres c'est-à-dire le meilleur, tu es dans le meilleur des systèmes et tu préfères rester chez toi ? Ou t'as rien compris et on te réexplique, ou y a un problème et ce problème, c'est toi. Les signes ne suffiront jamais, parce qu'il ne peut pas y avoir l'épaisseur d'une feuille de papier à, comme on dit, cigarette, entre les signes que tu donnes de ton adhésion (aller au boulot, voter, etc.) et l'adhésion elle-même, d'ailleurs, tu n'as pas à n'en donner que les signes puisque tu ne peux qu'adhérer à ce meilleur des systèmes. Tu ne peux qu'être sincèrement pour à quelques détails près chiffrables (le salaire, l'inflation, l'âge de la retraite, etc.) ; rien de sérieux, ne donnant l'occasion que de grogne, de crise au pire.

Alors comment interpréter l'absentéisme ? L'absentéisme, c'est rien qu'un souci heuristique, et tant qu'on déroule la série d'hypothèses convenues de l'absence (il est malade, il a eu un empêchement, il n'a pas pu prévenir, sa mère est morte, son fils a la gastro, il s'est trompé de semaine, etc.), tout roule. Mais qu'y a-t-il *derrière* des absences répétées ? La flemme ou une pathologie lourde. Comme les pathologies lourdes sont rares, c'est la flemme qui domine les interprétations. Ça ne peut pas être plus grave qu'une paresse personnelle, ni autre chose. L'idée d'une paresse impersonnelle,

en quelque sorte, ne vient pas ; ne leur vient pas, nous vient peu. L'absentéisme est pourtant le nom d'une paresse ayant atteint des proportions telles qu'on peut la dire impersonnelle à juste titre. Soit, sans fatigue, une fatigue de tout. Alors la réponse, c'est de boucher les trous. Les élèves, à condition qu'il y en ait trois quatre qui manquent chaque jour jamais les mêmes, ça ne se voit pas trop, mais les profs, ça se voit. Il faut donc boucher les trous des profs manquants.

Depuis une dizaine d'années, quinze peut-être, n'importe qui peut faire provisoirement prof dans l'éducation nationale dès qu'il en manque un plus de trois mois. Il y en a un, prof d'anglais, à cheval sur deux ou trois établissements, bizarre, enfin bizarre comme un prof, donc personne ne s'inquiétait, on a fini par découvrir qu'il s'était échappé d'un hôpital psychiatrique irlandais ; il avait fait le mur là-bas en Irlande, et puis il était arrivé on ne sait comment jusque chez nous dans le Sud-Est où il avait passé l'entretien nickel avec le chef d'établissement, un lycée, qui l'avait embauché, jusqu'à ce qu'on apprenne qu'il en avait zigouillé un ou deux là-bas en Irlande. D'où l'hôpital psychiatrique (en milieu fermé). Souvent, ce sont des gens qui débarquent de la fac, alors ils font leur cours sans savoir, comment le sauraient-ils, que dans le secondaire tu parles aux élèves, c'est un entretien, c'est une conversation variée, si tu ne leur parles pas, à tous les sens du terme, ils ne te parlent pas non plus, ils parlent entre eux. Il y en a eu un aussi en physique-chimie, son rêve c'était de devenir cinéaste, il faisait des vidéos qu'il leur montrait en cours ; moi-même j'ai eu un prof officiellement d'histoire-géographie qui adorait la gastronomie et nous dictait des recettes. Ça fait partie du folklore et la plupart du temps c'est plus amusant que grave. Ce qui est sûr, c'est que les adultes, administration et parents, semblent préférer n'importe qui devant leurs gosses plutôt que personne.

L'informatique

C'est notre première heure de vie syndicale de l'année. On est tous en cercle autour de la table basse sur nos chaises rembourrées, nos dos douloureux bien posés, les plus jeunes en hauteur sur les chaises de bar neuves achetées il y a quelques années. En 1, dans l'ordre du jour : le numérique.

Dans un premier temps, on a eu un identifiant et un mot de passe provisoire pour entrer dans l'ordinateur, et pour la plupart, on est bien parvenus à entrer dans l'ordinateur, à changer le mot de passe provisoire pour un mot de passe définitif, mais le mot de passe définitif s'est avéré au bout de quelques jours lui-même provisoire, ce à quoi le gars qui s'occupe de la maintenance a répondu au tableau de la salle des profs : *votre nouveau mot de passe est sur votre boîte académique*. Personnellement, ça faisait deux jours que je bataillais avec ma boîte académique ; j'avais beau remplir toutes les cases, le bandeau rose comme quoi je n'aurais pas ce que je voulais s'affichait en permanence.

↗ École Nelson Mandela, Saint-Ouen (93), décembre 2019   ↙ Collège Dulcie September, Arcueil (94), décembre 2019

J'avais fini par choper le gars qui s'occupe de la maintenance au secrétariat pour qu'il observe le phénomène et me donne enfin accès à l'évidence. Mais le gars avait buté comme moi-même, sur la même page. *Ah, je vais signaler la chose au Conseil Départemental*, avait-il dit, *c'est le CD qui gère le parc informatique*, et depuis, chaque fois que je le voyais traverser la cour, je l'attrapais pour lui demander s'il avait la réponse du Conseil Départemental.

Les autres, autour de la table basse sur les chaises rembourrées, étaient très énervés de ne pas pouvoir entrer sur l'EnT, ce logiciel où on rentre tout, les absences, le cahier de texte, les notes, la communication, etc. Mais ce qui énervait encore davantage ceux qui étaient énervés, c'est que ça ramait ; ça ramait comme encore jamais ça n'avait ramé (et pourtant ça avait ramé) : *j'ai cliqué pour ouvrir une fenêtre, et ça a mis une minute dix-huit montre en main pour qu'elle s'ouvre. De toute façon*, a dit quelqu'un d'autre, *on est obligé de télécharger chez soi ce qu'on va montrer, alors quel intérêt d'aller sur internet, si tout est sur une clé USB.*

Ça, je l'avais remarqué l'an dernier déjà, au changement de logiciel, qu'on pouvait plus aller à l'impromptu sur des sites, pour montrer une image, un bout de film, un exercice, un son ; le gars qui s'occupe de la maintenance à l'époque m'avait répondu : *Je vais en faire la demande au Conseil Départemental, ou alors vous n'avez qu'à télécharger*, mais alors l'intérêt du truc, la fluidité et le peu de vie que ça pouvait mettre dans un cours, c'était terminé, s'il fallait

l'autorisation du Conseil Départemental pour montrer, je me souviens que c'est ce que j'avais essayé de faire et pour la première fois ça m'avait été refusé, une vidéo sur un site d'éducation aux médias. *Si tout est sur une clé USB, on n'a qu'à venir avec sa clé USB, et puis pour les absences, on n'a qu'à les écrire sur un papier. C'est vrai, quoi*, avait ajouté un prof d'histoire, *quand je tape «Pyramide des âges», ça m'est refusé parce qu'il y a «sexe», dans une pyramide des âges, et quand je tape «Parti Radical» pareil, parce qu'il a «radical»! Et on n'a qu'à demander un cahier de textes papier*, j'ai dit, *après tout, le cahier de textes papier, c'est ce que j'ai rempli pendant des décennies : on donnait les devoirs et les notes aux élèves, les parents mataient pas. Maintenant qu'ils ont pris l'habitude de mater, ça va les embêter de plus pouvoir*, a dit quelqu'un. Ensuite, il y a eu une discussion sur le fait que le Conseil Départemental, puisqu'il avait la main sur le parc informatique, verrait très vite qu'on ne remplissait pas ce qu'on devait remplir et s'en inquiéterait auprès de l'établissement parce que du coup, ils ne pourraient plus, eux, remplir leurs statistiques pour le ministère et passeraient pour des mauvais élèves de la réforme, des ploucs et des ruraux du numérique.

Les heures de trois quarts d'heure
Un autre épisode assez marrant, c'est quand le chef a voulu qu'on fasse des heures de trois quarts d'heure. J'en ai vu défiler des chefs, en trente ans. Ma conclusion : tous différents. C'est dans les vieux, par exemple, que j'ai rencontré le plus de gens de gauche. L'une des choses qui m'a surprise en entrant dans

la carrière : il y avait cette espèce de réputation que les profs, ils étaient tous de gauche. Eh bien, je peux vous assurer que cette réputation est totalement usurpée. Ils ont peut-être le sentiment, ou la sensation, d'être plutôt à gauche, mais par leurs habitudes et leurs valeurs, la plupart sont de droite. Les habitudes, c'est ça qui compte ; ce qu'on fait, et ce qu'on dit, plus que ce qu'on croit penser. Je me souviens de ce prof d'espagnol plutôt sympa, bon prof, qui nous racontait ses années passées dans les îles, pas Tahiti, une micro-terre par là-bas ; alors il ne disait pas « *peuplée de sauvages* », évidemment, c'était pire : *ces gosses, rien à en tirer ; une autre mentalité, quoi, on peut rien en faire.* Six ans, ça suffisait. En effet. Six ans, c'est suffisant pour empocher le magot du séjour dans les îles, le salaire doublé, les points de mutation qui s'envolent et les avantages divers pour rentrer en métropole, dans la civilisation.

Le chef qui a voulu nous imposer des heures de trois quarts d'heure, c'était un jeune, un jeune chef assez typique (il y a les mêmes partout, privé-public). Je dirais : sémillant. À l'aise en particulier avec les élus et toujours en quête d'un papier dans la presse, et comme ici, il n'y a que le journal local, pas deux, trois, quatre ou cinq journaux, il y en a qu'un, et donc il s'agit de trouver chaque fois une idée différente pour être dans le journal. Peut-être que c'est ça, d'ailleurs, qui lui a donné l'idée des heures de trois quarts d'heure : une innovation personnelle qui mérite bien un papier dans le journal. Parce que c'était l'époque pas si lointaine où les chefs ont pu commencer à essayer des trucs personnels inspirés par le néo-management, organiser à son goût son établissement, faire des heures d'une heure, ou bien de 55 minutes, 50, 45 ou même pourquoi pas 40, inviter des boîtes informatiques à venir faire de l'information contre les dangers d'internet et de la pub pour leurs produits, mettre au point des réunions marathons de toute une journée pour nous demander notre avis sur les heures de trois quarts d'heure déjà décidées.

Officiellement, les heures de trois quarts d'heure, il nous avait dit que c'était pour les élèves, parce qu'ils avaient du mal à se concentrer plus de trois quarts d'heure. De toute façon, dès qu'un chef ou le ministère disait que c'était pour les élèves, telle mesure, c'est pas compliqué, c'est qu'il y avait anguille sous roche. Donc on a cherché l'anguille, et elle n'était pas difficile à choper. On a calculé : des heures de trois quarts d'heure, à raison de 2, 3 ou 4 heures par classe, ça donnait qu'on aurait 1 ou 2 voire 3 classes de plus par semaine ; autant de préparations, autant de copies. Et le jackpot : qu'évidemment si les profs prenaient des classes en plus => moins besoin de profs => suppression de postes. C'est quand même bizarre qu'une idée aussi simple et géniale n'ait pas déjà été appliquée partout.

Ce résultat a rapidement tilté dans la tête de tout le monde et là, pour une fois, on était tous d'accord : les heures de trois quarts d'heure, c'était *niet*. Il en est devenu furibard, comme on s'y attendait. Quoi, cette idée de génie qui allait le propulser dans le journal local, chez les élus locaux, et dans sa carrière, qui allait peut-être lui permettre d'embrayer à moins de quarante ans vers un lycée local, ou même un lycée de ville, ou même, qui sait, un établissement pour l'élite, là où les mômes sont trilingues en 6ᵉ ! On a tenu bon. Alors, ce qu'il a fait, et c'est drôle quand on y pense, je le résumerais comme suit : puisque vous voulez des heures bien pleines, des heures d'une heure, je vous sucre cinq minutes de vos récrés pour vous les faire, vos heures d'une heure. Il savait très bien ce qu'il faisait : les récrés duraient alors quinze minutes, et c'était tout juste pour traverser la cour et arriver à la salle des profs, boire un café, se poser un peu. Avec des récrés de dix minutes, ce n'était plus possible. Quant aux élèves, eux aussi, leurs récrés ne duraient plus que dix minutes – mais qui s'en soucie ?

Dans les dents

Je suis assez vieille, à présent : je n'ai jamais connu que la fonction publique ancienne manière, l'éducation nationale ancienne manière. La violence des changements, des « réformes », avait jusqu'ici été le plus souvent tempérée par des mises en œuvre passagères ou ridicules (*cf.* les heures de trois quarts d'heure). On avait des latitudes (ce qu'on appelle la « liberté pédagogique »). Et puis, comme les boxeurs, des protège-dents. Ces derniers temps, on nous a ôté les protège-dents. Une inspection, par exemple, a toujours été quelque chose de violent, même et surtout si l'inspecteur est « bienveillant » : vous êtes à poil sous

la douche devant témoins (les élèves) face à quelqu'un qui vous regarde sous toutes les coutures, et vous sifflotez pour avoir l'air naturel. L'inspection disparaît. Bien. À sa place, un «*entretien*» sans témoins. On commence à savoir ce que ça donne : déboule quelqu'un qui vous explique que ce que vous faites depuis trente ans, votre «*matière*» (les guillemets sont de lui), ça ne sert à rien – d'ailleurs ça va être supprimé. Si vous êtes contractuel, c'est mort : tout ce qu'on vous demande, c'est de la fermer – vous avez réussi à dégotter un contrat avec l'E.N., vous voulez quoi en plus ?

La démocratie, ou disons la république, est ce sous quoi nous tâchons de vivre, mais dans les entreprises, privées et publiques, il n'y a pas de démocratie ; parfois, un gars ou une fille du syndicat vous maintient la tête hors de l'eau tant qu'on ne l'a pas lui-même noyé, à la pêche aux infos pour que vous puissiez enfin récupérer le papier manquant qui vous permettra de manger autre chose que des pâtes à partir du quinze du mois. L'enfer bureaucratique qui vous ouvre ses portes d'une voix musicale et féminine chaque fois que vous êtes au téléphone s'est enfin généralisé à l'ensemble de la population, profs compris : quelqu'un qui ne comprend rien vous parle de façon à ce que vous compreniez encore moins.

Une sortie

C'est mercredi, on amène les cinquièmes à la médiathèque pour *un atelier très*, m'a dit l'organisatrice, *sympa*. *Madame, on peut mettre de la musique, on peut mettre de la musique madame ?*

Oui, mais avec les écouteurs. Ces petits corniauds sont capables de bousculer dans le passage de la poste ; comme ça, au moins, ils sont concentrés sur leurs oreilles. Sur le chemin, ils chantonnent, ils s'envoient des taloches, ils se traitent de tous les noms, cochon, salope, etc. On arrive à la médiathèque. On nous conduit dans la salle d'exposition, au fond, à gauche. Y a trois chaises en plastique rouge, un appareil-photo sur son pied, un tapis par terre et devant, un écran rétro-éclairé flanqué de deux paravents semi-opaques. Deux jeunes femmes blondes, une frisée, l'autre lisse, entrent. Elles lancent, sur ce ton un peu forcé, un peu joyeux, qu'on emploie avec les enfants : *Bonjour* (bonjour), *bienvenus à la médiathèque* (bienvenus), *alors vous pouvez vous asseoir sur ce tapis, là* (sur le tapis), *et on va commencer un atelier ensemble* (on va commencer l'atelier), *un atelier vous allez voir, très sympa* (très sympa) ; *vous avez envie de participer à l'atelier ?* dit la lisse. *Nooon !* répondent en chœur les enfants. *Asseyez-vous bien sur le tapis, s'il vous plaît, ne vous couchez pas, je vais vous expliquer* (écoutez bien) : *alors, on va vous lire une histoire, et c'est vous qui allez illustrer l'histoire ; vous savez ce que ça veut dire «illustrer» ? Non ? Vous savez pas ? Toi, là, tu es sûr que tu sais pas ce que ça veut dire ? Non ? Eh bien «illustrer», ça veut dire que vous allez faire des dessins de l'histoire, pour chaque étape de l'histoire. On va d'abord vous lire l'histoire, et puis je vous montrerai comment on dessine, là, sur l'écran, mais derrière. C'est compris ?* (ne vous couchez pas). À ce moment, la frisée commence à lire une histoire de loup et de grand-mère mais pas *Le Petit Chaperon rouge*, une autre, dont je n'ai rien retenu parce que j'étais décalquée par un début de sinusite. C'est la lisse qui disparaît derrière l'écran. On voit son ombre chinoise qui prend des trucs à droite, colle un personnage en papier de fille et trace des courbes à la peinture. Elle nettoie l'écran. Elle réapparaît. *Et voilà, vous avez compris ? Maintenant, c'est vous qui allez continuer tout seuls ; nous, c'est comme si on était plus là du tout du tout… Bon, vous m'écoutez oui ou non ? Je vais mettre de la musique,* dit-elle, *et on doit pouvoir entendre la musique, vous devez pas parler plus fort que la musique,* dit-elle. Sur ce, elle se dirige au fond, à gauche, vers un lecteur audio qui se met à diffuser une musique classique relaxante. Elle envoie les deux premiers derrière l'écran. La frisée reprend le début de l'histoire. Les deux recollent la fille et un soleil en bas, puis peignent n'importe comment. *Attendez ! je crois que vous n'avez pas bien écouté l'histoire : je vais vous la relire. Ooooh,* font les autres. Ensuite, c'est aux deux suivants. Ça va mieux, c'est des filles. Elles s'appliquent sous les *très bien*, recollent la fille, le loup devant, un chemin entre les deux tracé à la peinture, le soleil en haut. Les filles se rassoient. La lisse nettoie l'écran. Étape suivante. Deux garçons, dont un très grand, qui colle la fille en papier limite bord cadre avec sa tête qui dépasse. Ça fait marrer ses potes. Il dessine un soleil pendant que l'autre colle un soleil en papier. *Y a deux soleils !* crie quelqu'un. *Ouais ben c'est pas grave on s'en fout,* disent les garçons qui finissent le travail et vont se rasseoir. *C'est très original, c'est surréaliste, bravo les garçons,* dit la frisée qui se dirige vers l'appareil-photo pour photographier l'écran comme à chaque étape. *C'est pas la peine de vous coucher, je vois bien l'écran,* ajoute-t-elle aux gosses couchés qui se font des chatouilles. Deux autres garçons se lèvent. L'une des filles est venue s'asseoir sur la chaise à côté de moi ; elle a mal au dos, assise par terre comme ça. Les deux garçons collent à nouveau la fille, la grand-mère + le loup, qui ressemble à un crocodile. À ce moment, la collègue qui me succède entre dans la salle. Je me lève, on se salue, et je lance *Merci beaucoup ! Au revoir !* d'un ton joyeux, un peu forcé.

↘ (page suivante) École maternelle Travail, Bagnolet (93), décembre 2019

CONTRÔLE DES FRONTIÈRES, CONTRÔLE DES ÂMES

Le *soft power* de l'OIM en Afrique

PAR **Raphaël KRAFFT**

Depuis la fin de la Seconde Guerre mondiale, l'Organisation internationale pour les migrations travaille avec un nombre croissant d'États afin que les migrations « *s'effectuent en bon ordre et dans le respect de la dignité humaine* ». Si son ancien directeur général, William Lacy Swing, n'hésitait pas à déclarer que « *la migration est inévitable, nécessaire et souhaitable* », l'organisation s'implique toutefois pleinement, à travers l'ensemble du continent africain, afin d'éviter ces départs et de favoriser l'« *aide au retour volontaire* ». Chaque année, trente mille migrants « *bénéficient* » de ce programme. Et pour cela, l'OIM use de son *soft power* en finançant directement des artistes africains chargés de diffuser un message sédentariste. Enquête en Guinée Conakry auprès d'anciens migrants et d'artistes qui promeuvent cette « *désirable immobilité* ».

Le terminal des vols domestiques de l'aéroport Gbessia de Conakry est le lieu idéal où débarquer discrètement d'un avion en Guinée. Situé à l'écart, il n'a plus de fonction commerciale depuis que la compagnie Air Guinée qui assurait les rares vols intérieurs a fait faillite en 1992. Et quand ce ne sont pas des VIP qui pénètrent dans son hall, ce sont les migrants « *rapatriés volontaires* » de Libye, à l'abri des regards, pour un retour au pays perçu comme honteux parce qu'il signe l'échec de leur projet migratoire. Ils sont cent onze ce soir-là à descendre de l'avion affrété par l'Organisation internationale pour les migrations (OIM), en provenance de l'aéroport de Mitiga à Tripoli.

En file indienne sur le tarmac, ils masquent leurs visages face à la caméra de la télévision d'État guinéenne, toujours présente depuis que l'OIM rapatrie des migrants guinéens de Libye, près de douze mille en trois ans[1].

Les officiers « *de protection* » de l'OIM les attendent dans le hall du terminal, secondés par les bénévoles de l'Organisation guinéenne de lutte contre la migration irrégulière, créée de toutes pièces par l'Union européenne et l'OIM afin d'organiser des campagnes « *de sensibilisation* » à moindres frais qui visent à décourager les candidats à l'émigration. Leurs membres sont tous d'anciens migrants revenus au pays après avoir échoué dans leur aventure en Libye, en Algérie ou au Maroc. Ils sillonnent le pays, les plateaux de télévision ou les studios de radio dans le but d'alerter contre les dangers du voyage et les horreurs vécues en Libye. Elhadj Mohamed Diallo, le président de l'organisation, harangue les *rapatriés volontaires* dès leur arrivée dans le hall : « *Votre retour n'est pas un échec ! La Guinée a besoin de vous ! Tous ensemble nous allons travailler ! Regardez-moi, je suis l'un de vous, j'ai vécu ce que vous avez vécu ! Et maintenant que vous êtes rentrés, vous allez nous aider parce qu'il faut raconter votre histoire à nos jeunes pour les empêcher de partir et qu'ils vivent la même chose que nous.* »

Tous se sont assis, hagards, dans l'attente des instructions des officiers « *de protection* » de l'OIM. Ils sont épuisés par des semaines voire des mois d'un voyage éprouvant qui s'est terminé dans les prisons de Libye où la plupart d'entre eux ont fait l'expérience de la torture, la malnutrition, le travail forcé et la peur de mourir noyé en mer Méditerranée lors de leurs tentatives parfois multiples de passage en Europe. Certains écoutent, voire répondent au discours du président de l'association. La plupart ont la tête ailleurs.

Des « retours volontaires » forcés

Lorsque nous interrogeons l'un d'entre eux, il s'offusque du qualificatif de « *volontaire* » utilisé dans le programme d'aide au retour volontaire et à la réintégration (AVRR) de l'OIM : « *Mais je n'étais pas volontaire ! Je ne voulais pas rentrer ! Ce sont les Libyens du DCIM [Directorate for Combating Illegal Immigration] qui m'ont forcé à signer le papier ! Je n'avais pas d'autre choix que de monter dans l'avion. Dès que j'aurai rassemblé un peu d'argent, je repartirai pour encore tenter ma chance. J'essayerai par le Maroc cette fois.* »

C'est toute l'ambiguïté de ce programme : le guide du Haut-Commissariat aux réfugiés (HCR) qui encadre les retours dits volontaires précise que « *si les droits des réfugiés ne sont pas reconnus, s'ils sont soumis à des pressions, des restrictions et confinés dans des camps, il se peut qu'ils veuillent rentrer chez eux, mais ce ne peut être considéré comme un acte de libre choix* ». Ce qui est clairement le cas en Libye où les réfugiés sont approchés par les autorités consulaires de leur pays d'origine alors qu'ils se trouvent en détention dans des conditions sanitaires déplorables. Lorsqu'ils déclinent l'offre qui leur est faite, on les invite à réfléchir pour la fois où elles reviendront. À raison le plus souvent d'un repas par

À RAISON D'UN REPAS PAR JOUR, D'EAU SAUMÂTRE ET D'UN ACCÈS AUX SOINS TRÈS LIMITÉ, LES MIGRANTS FINISSENT SOUVENT PAR ACCEPTER UN RETOUR « *VOLONTAIRE* » DANS LEUR PAYS D'ORIGINE.

jour qui consiste en une assiette de macaronis, d'eau saumâtre pour se désaltérer et d'un accès aux soins dépendant de l'action limitée des organisations internationales, sujets aux brimades de leurs geôliers, les migrants finissent souvent par accepter un retour « *volontaire* » dans leur pays d'origine.

L'OIM leur remet l'équivalent de cinquante euros en francs guinéens, parfois un téléphone avec ce qu'il faut de crédit pour appeler leur famille, et leur promet monts et merveilles quant à leur avenir au pays. C'est le volet réintégration du programme AVRR. Il entend « *aider à la réintégration à court et/ou moyen terme, y compris création d'entreprise, formation professionnelle, études, assistance médicale et autre forme d'aide adaptée aux besoins particuliers des migrants de retour* ».

Plus que l'appât d'un modeste gain, ce sont l'épuisement et le désespoir qui ont poussé Maurice Koïba à se faire rapatrier de Libye. Intercepté par les gardes-côtes libyens alors qu'il tentait de gagner l'Europe dans un canot pneumatique bondé, Maurice a été vendu par ces mêmes gardes-côtes à un certain Mohammed basé à Sabratha, quatre-vingts kilomètres à l'ouest de la capitale Tripoli. Pendant un mois et demi, il est battu tous les matins avec ses parents au téléphone de façon à ce qu'ils entendent ses cris provoqués par les sévices qu'on lui inflige, afin de les convaincre de payer la rançon qui le libérera. Son père au chômage et sa mère ménagère parviendront à réunir la somme de mille euros pour le faire libérer, l'équivalent de près de dix mois du salaire minimum en Guinée. Une

fois sorti de cette prison clandestine, Maurice tente de nouveau sa chance sur un bateau de fortune avant d'être une fois encore intercepté par les gardes-côtes libyens. Cette fois-ci, il est confié aux agents du DCIM qui l'incarcèrent dans un camp dont la rénovation a été financée par l'OIM *via* des fonds européens.

Là, les conditions ne sont pas meilleures que dans sa prison clandestine de Sabratha : il ne mange qu'un maigre repas par jour, l'eau est toujours saumâtre et les rares soins prodigués le sont par des équipes de Médecins sans frontières qui ont un accès limité aux malades. C'est dans ces conditions que les autorités consulaires de son pays et les agents de l'OIM lui rendent visite ainsi qu'à ses compatriotes afin de les convaincre de « *bénéficier* » du programme de « *retour volontaire* » : « *Lorsque les agents de l'OIM venaient dans le camp avec leurs gilets siglés, ils n'osaient jamais s'élever contre les violences et les tortures que les geôliers libyens nous faisaient subir* », se souvient Maurice, et cela nonobstant le programme de formation aux droits de l'homme toujours financé par l'Union européenne et conduit par l'OIM auprès des gardiens des centres de détention pour migrants illégaux. « *Nous avons éprouvé des sentiments mêlés et contradictoires*, ajoute-t-il, *lorsque les représentants consulaires de nos pays respectifs sont venus nous recenser et nous proposer de rentrer, à la fois heureux de pouvoir être extraits de cet enfer et infiniment tristes de devoir renoncer, si près du but, à nos rêves d'avenir meilleur. Sans compter la honte que nous allions devoir affronter une fois rentrés dans nos familles et dans les quartiers de nos villes.* »

Ce n'est que le jour de leur départ que Maurice et ses compatriotes d'infortune sortent du camp pour être remis à l'OIM. L'organisation prend soin de les rendre «présentables» en vue de leur retour au pays : « *Pour la première fois depuis des semaines, j'ai pu me doucher, manger à ma faim et boire de l'eau potable. L'OIM nous a remis un kit d'hygiène et des vêtements propres avant de nous emmener à l'aéroport Mitiga de Tripoli* », confie Maurice.

Arrivé à Conakry, il prend la route de Nzérékoré, à l'autre bout du pays, où vit sa famille. Une fièvre typhoïde contractée en Libye se déclare le jour de son arrivée. Malgré ses multiples appels à l'aide et contrairement aux clauses du programme AVRR, l'OIM ne donne pas suite à sa demande de prise en charge de son hospitalisation, alors que la Guinée n'est pas dotée d'un système de sécurité sociale. Le voici doublement endetté : aux mille euros de sa rançon s'ajoutent maintenant les frais de l'hôpital et du traitement qu'il doit suivre s'il ne veut pas mourir.

Comme la majorité des candidats guinéens à l'exil, Maurice est pourvu d'un diplôme universitaire et avait tenté d'émigrer dans le but de poursuivre ses études au Maroc, en Algérie ou en Europe. Il pensait que son retour en Guinée *via* le programme d'aide au retour volontaire aurait pu lui ouvrir la voie vers de nouvelles opportunités professionnelles ou de formation. Il voulait étudier l'anglais. En vain. Il retourne enseigner le français dans une école secondaire privée, contre un salaire de misère, avant de comprendre que l'OIM n'aide les retournés

volontaires que s'ils donnent de leur temps afin de promouvoir le message selon lequel il est mal de voyager. Après avoir enfilé le tee-shirt siglé du slogan « *Non à l'immigration clandestine, oui à une migration digne et légale* » et participé (ou avoir été «invité» à participer) à des campagnes de sensibilisation, on lui a financé ses études d'anglais et même d'informatique. S'il n'est que bénévole, les *per diem* reçus lors de ses déplacements afin de porter la bonne parole de la sédentarité heureuse, ainsi que l'appartenance à un réseau, lui assurent une sécurité enviable dans un pays dont tous les indices de développement baissent inexorablement depuis plus d'une décennie.

Le *soft power* de l'OIM

Les maux de la Guinée, l'humoriste Sow Pedro les égrène dans la salle de spectacle du Centre culturel franco-guinéen (CCFG). Il fait se lever la salle et lui intime d'entonner un « *N'y va pas !* » sonore à chaque fléau évoqué : « *– Je veux aller en Europe !… – N'y va pas ! – Loyer cher je vais chez les Blancs… – N'y va pas ! – Là-bas au moins on nous met dans des camps… – N'y va pas ! – Politiciens vous mentent tous les jours – N'y va pas ! – C'est pour ça que j'irai là-bas !* » Ainsi conclut-il sur le refrain d'un des plus grands succès de Jean-Jacques Goldman, *Là-bas*, qu'il enchaîne, moqueur, face au tout Conakry qui s'est déplacé pour l'applaudir avant de se retrouver au bar du Centre culturel, lors de l'entracte, et d'y échanger sur ce fléau que constitue l'immigration illégale entre personnes pouvant, du moins la plupart d'entre elles, circuler librement autour de la planète. Le spectacle de Sow

Pedro est sponsorisé par l'OIM. Afin de mener à bien l'écriture du show, l'humoriste a bénéficié de l'expertise du bureau guinéen de l'organisation internationale : « *L'équipe de l'OIM m'a fourni une documentation et nous avons beaucoup échangé ensemble pour que mon spectacle colle au plus près de la réalité vécue par mes compatriotes sur les routes de l'exil. J'étais ignorant sur ce sujet et à mille lieues d'imaginer l'ampleur des horreurs que les migrants peuvent subir sur leur chemin.* »

L'UNION EUROPÉENNE A FINANCÉ À HAUTEUR DE QUINZE MILLE DOLLARS LE TITRE DE DEGG J FORCE 3, *FALLÉ*, QUI EXHORTE LES JEUNES GUINÉENS À NE PAS MIGRER.

« *Ne t'en va pas* », c'est encore le refrain de *Fallé*, le titre phare de Degg J Force 3, le groupe de rap le plus populaire de Guinée, qui clôt la soirée au Centre culturel franco-guinéen. « *Ne pars pas. La mer te tuera, c'est la mort qui t'attend* », exhorte la chanson. La qualité des images du clip jure avec la production habituelle d'un groupe de cette envergure en Afrique. Et pour cause, l'Union européenne l'a financé à hauteur de quinze mille dollars[2] et a chargé l'OIM de la mise en œuvre de sa production. Moussa Mbaye, l'un des deux chanteurs du groupe explique la genèse de cette chanson : « *Lorsqu'en 1999 Yaguine Koïta et Fodé Tounkara avaient été retrouvés morts dans le train d'atterrissage d'un avion de la [compagnie aérienne belge] Sabena, ça nous avait particulièrement marqués que deux jeunes puissent mourir parce qu'ils voulaient partir*

en Europe[3]. *C'est ce qui nous a poussés à écrire cette chanson qui n'était jamais sortie dans aucun de nos albums, elle n'avait jusqu'alors circulé que dans les "ghettos". Ce n'est finalement que beaucoup plus tard, à force d'apprendre chaque semaine la mort d'un jeune de notre quartier en Libye, dans le Sahara ou au Maroc, qu'on s'est décidés à la réécrire. Comme on n'y connaissait rien sur les questions migratoires, on est allés voir l'OIM pour qu'ils nous fournissent des informations à ce sujet.* »

Moussa et les membres de son groupe sont reçus par Fatou Diallo N'Diaye, la cheffe de mission de l'OIM en Guinée, qui choisira de travailler avec eux « *parce qu'ils sont connus et que nous savions que leur chanson serait écoutée par notre public cible* ». Fatou Diallo N'Diaye porte la chanson *Fallé* dans son cœur pour avoir largement contribué à son écriture : « *L'écriture du morceau* Fallé *a été un travail d'équipe, un véritable brainstorming. Il y a certaines paroles que j'ai écrites moi-même tandis que d'autres l'ont été par Lucas Chandellier, notre chargé de communication. Aujourd'hui, ce morceau appartient à l'Union européenne et à l'OIM.* »

Depuis le succès commercial de *Fallé*, Fatou Diallo N'Diaye confesse voir de plus en plus d'artistes venir frapper à sa porte pour écrire et composer des chansons sur le thème de la migration irrégulière. Les chanteurs et musiciens ne sont pas les seuls cooptés par l'institution : auteurs de bandes dessinées, humoristes, metteurs en scène de théâtre, griots, conteurs traditionnels, organisateurs de festivals, imams, radios locales, etc., sont également sollicités.

La représentante d'un organisme de développement qui a souhaité garder l'anonymat nous a confié que l'OIM avait cependant refusé de contribuer au financement d'un film qu'elle produisait parce que l'on y voyait des migrants guinéens arrivés en Europe et que de telles images *« pouvaient susciter un espoir chez les candidats au départ »*. L'OIM organise aussi des formations de journalistes sur les *« techniques de couverture des questions migratoires »*. Depuis 2018, près de cinq cents d'entre eux, originaires d'Afrique de l'Ouest et d'Afrique centrale, ont été formés selon la vision de l'OIM sur cette question [4].

Fondée en 1951 par les États-Unis pour faire contrepoids au HCR que les diplomates américains soupçonnaient d'être sous influence communiste, l'OIM a d'abord eu la fonction logistique d'organiser le transit vers l'Amérique de dizaines de milliers de personnes déplacées par la Seconde Guerre mondiale en Europe. Selon les mots du site de l'organisation : *« Simple agence logistique au départ, elle a constamment élargi son champ d'action pour devenir l'organisme international chef de file œuvrant aux côtés des gouvernements et de la société civile afin de favoriser la compréhension de la problématique migratoire, d'encourager le développement économique et social par le biais de la migration et de veiller au respect de la dignité humaine et au bien-être des migrants. »* Ce que l'OIM met moins en valeur, en revanche, ce sont les campagnes de sensibilisation et de propagande qu'elle a mises en place au début des années 1990 dans les pays d'Europe centrale et d'Europe de l'Est afin de mettre en garde les jeunes femmes contre les réseaux de traite et de prostitution. Selon le sociologue Antoine Pécoud, Youssou N'Dour, archétype du chanteur mondialisé, serait le premier artiste africain à avoir mis sa voix et sa renommée au service de la lutte contre la migration illégale en Afrique. Ce n'est pas l'OIM, cette fois, qui en fut à l'origine, mais le gouvernement espagnol et l'Union européenne qui, en 2007, et alors que de nombreux Sénégalais tentaient de rallier l'archipel des Canaries en pirogue, décidaient de produire et diffuser un clip afin de les dissuader de prendre la mer. Cette vidéo met en scène une mère de famille prénommée Fatou, sans nouvelles de son fils parti depuis huit mois, et se termine par un message de Youssou N'Dour : *« Vous savez déjà comment [l'histoire de Fatou] se termine, ce sont des milliers de familles détruites. Je suis Youssou N'Dour, s'il vous plaît, ne risquez pas votre vie en vain. Vous êtes le futur de l'Afrique. »*

Depuis lors, la liste des artistes cooptés par diverses institutions internationales et européennes ne cesse de s'allonger : Coumba Gawlo, Fatou Guewel et Adiouza au Sénégal, Bétika en Côte d'Ivoire, Ousmane Bangara et Degg J Force 3 en Guinée, Jalimadi Kanuteh en Gambie, Miss Espoir au Bénin, Will B Black au Burkina Faso, Ousmane Cissé au Mali, Zara Moussa au Niger, ou encore Ewlad Leblad en Mauritanie pour ne citer qu'eux. Lors de la campagne Aware migrants lancée en 2017 par l'OIM, l'artiste malienne Rokia Traoré a composé la chanson *Be aware*. Dans une interview à l'émission *28 Minutes* diffusée sur Arte, elle expliquait que son but à travers cette chanson n'était pas de vouloir empêcher les jeunes

Africains de partir mais « *qu'il était inhumain de ne pas les informer sur les dangers de la route* ». Ce qu'elle ne dit pas, c'est que sa chanson et son clip avaient été sponsorisés par le ministère italien de l'Intérieur[5].

Dissuader les Africains ou rassurer les Européens?

Sur un continent comme l'Afrique où les frontières sont historiquement poreuses et où 80 % des migrations sont internes au continent, l'Union européenne, *via* l'OIM notamment, s'emploie à restreindre la liberté de circulation en modernisant les postes frontières et en formant les gardes-frontières, introduisant la technologie biométrique ou faisant pression sur les gouvernements et les parlementaires africains afin de rendre toujours plus restrictive leur législation en matière de migration, comme au Niger en 2015 avec le vote d'une loi sur la criminalisation des « passeurs ». C'est toute la contradiction de ces campagnes de propagande sur les dangers de la route dont les auteurs sont les principaux responsables, explique le sociologue Antoine Pécoud : « *S'il est louable de renseigner les candidats à l'exil sur les dangers de la route, il y a une contradiction fondamentale dans la nature même de ce danger dont on prétend avertir les migrants. Parce que ce danger est corrélé au contrôle de l'immigration. Plus on contrôle l'immigration, plus il est difficile pour les migrants de circuler légalement, plus ils vont tenter de migrer par des chemins détournés, plus ils vont prendre de risques et plus il y aura de morts.* »

Affiliée à l'ONU depuis 2016, l'OIM demeure, à l'instar des autres agences gravitant dans la galaxie de l'organisation internationale, directement et principalement financée par les pays les plus riches de l'hémisphère occidental qui lui délèguent une gestion des migrations conforme à leurs intérêts : ceux de l'Australie en Asie et en Océanie, des États-Unis en Amérique centrale et de l'Europe en Afrique pour ne citer que ces exemples. Son budget en 2018 était de 1,8 milliard d'euros. Il provient principalement de fonds liés à des projets spécifiques qui rendent l'OIM très accomodante auprès de ses donateurs et la restreint dans le développement d'une politique qui leur serait défavorable. C'est un outil parfait de contrôle à distance de la mise en œuvre de la politique d'externalisation des frontières chère à l'Union européenne. D'autant qu'au contraire du HCR, elle n'a pas à s'embarrasser des conventions internationales et notamment de celle de 1951 relative à la protection des réfugiés.

D'après Nauja Kleist, chercheuse au Danish Institute for International Studies, c'est précisément « *le manque de crédibilité des diffuseurs de ces messages qui les rend peu efficaces auprès des populations ciblées* » d'autant que « *les jeunes Africains qui décident de migrer sont suffisamment informés des dangers de la route – via les réseaux sociaux notamment – et que pour un certain nombre d'entre eux, mourir socialement au pays ou physiquement en Méditerranée revient au même* ». Selon elle, « *ces campagnes sont surtout un moyen*

AVEC L'ARGENT DU CONTRIBUABLE EUROPÉEN, L'OIM FINANCE DES ARTISTES QUI PROMEUVENT UN MESSAGE SÉDENTARISTE.

parmi d'autres de l'Union européenne d'adresser un message à son opinion publique afin de lui montrer qu'elle ne reste pas inactive dans la lutte contre l'immigration irrégulière ». Selon Antoine Pécoud, *« le développement de ces campagnes de propagande est d'une certaine manière le symbole de l'échec de la répression des flux migratoires. Malgré sa brutalité et les milliards investis dans les murs et les technologies de surveillance des frontières, il se trouve que de jeunes Africains continuent d'essayer de venir ».*

Invoquer le patriotisme

Promouvoir un message sédentariste et une *« désirable immobilité »*, selon les mots d'Antoine Pécoud, c'est aussi encourager une forme de patriotisme dans le but d'inciter les jeunes à contribuer au développement de leur pays et de l'Afrique. Une fable qui ne résiste pas aux recherches en cours sur la mobilité internationale : c'est à partir d'un certain niveau de développement qu'un pays voit ses citoyens émigrer de façon significative vers des pays plus riches [6]. Qu'importe, avec l'argent du contribuable européen, l'OIM finance aussi des artistes porteurs de ce message.

Dans le clip de sa chanson *No Place Like Home* promu par l'OIM (*« On n'est nulle part aussi bien que chez soi »*), Kofi Kinaata, la star ghanéenne du fante rap, confronte le destin d'un migrant qui a échoué dans son aventure incertaine à celui d'un proche resté au pays, lequel, à force de labeur, a pu accéder aux standards de la classe moyenne européenne incarnés dans le clip par la fondation d'une famille et l'acquisition d'une voiture neuve. De son côté, le groupe guinéen Degg J Force 3 a composé #Guinealove qui met en scène une Guinée largement fantasmée aux rues vierges de détritus, aux infrastructures modernes, sans bidonvilles et où se succèdent des paysages majestueux et une nature pristine alors que ce pays occupe la cent quatre-vingt-deuxième place sur les cent quatre-vingt-sept que compte le classement de l'Indice de développement humain. Le groupe l'a notamment interprétée lors du lancement en grande pompe du programme Integra, le volet réintégration du programme de retours volontaires et de réintégration de l'OIM juste après le discours du Premier ministre guinéen :

> *Ma Guinée ma mère ma fierté ma cité*
> *Ma Guinée ma belle mon soleil ma beauté*
> *Ma Guinée ma terre mon chez-moi*
> *Mon havre de paix*

Ouvrez les frontières de Tiken Jah Fakoly, sorti en 2007, est peut-être l'un des derniers tubes africains à avoir promu aussi frontalement la liberté de circulation. Douze ans plus tard, le message adressé par la star africaine du reggae est tout autre. Son dernier album, *Le monde est chaud*, fait la part belle aux messages prônés par l'Union européenne en Afrique : « *Dans Ouvrez les frontières, je dénonçais cette injustice dont étaient et sont toujours victimes les Africains de ne pas pouvoir circuler librement. Aujourd'hui, je dis qu'effectivement cette injustice demeure, mais si on veut que nos enfants grandissent dans une autre Afrique, alors notre place n'est pas ailleurs. Donc aujourd'hui, je dis aux jeunes de rester au pays, je dis que l'Afrique a besoin de tous ses enfants. D'autant que notre race est rabaissée quand nos frères sont mis en esclavage en Libye, quand ils ont payé si cher pour se retrouver sous les ponts à Paris. Au lieu de donner leurs forces à l'Europe, pourquoi nos jeunes ne restent–ils pas ici ?»* Tiken Jah Fakoly affirme n'avoir pas reçu de fonds européens pour la production de son dernier album.

Ses compatriotes du Magic System, eux, ne s'en cachent pas et ont compris *via* leur fondation éponyme que le développement de l'emploi local et la lutte contre la migration irrégulière étaient des thèmes capteurs de fonds européens. Partenaire privilégiée de l'Union européenne en Côte d'Ivoire à travers une multitude de projets de développement, la fondation Magic System a signé en février dernier avec l'OIM un partenariat qui engage les deux structures *«à travailler main dans la main pour promouvoir des migrations sûres et informées, et des alternatives durables à la migration irrégulière».*

La migration sûre, c'est le parent pauvre du Fonds fiduciaire d'urgence européen pour l'Afrique, créé le 11 novembre 2015 lors du sommet européen de La Valette sur la migration, et à partir duquel sont financées les campagnes dites de sensibilisation et de propagande en prévention de la migration irrégulière. L'un des points sur lequel les pays européens se sont pourtant entendus et qui consiste à *«favoriser la migration et la mobilité légales»* ne s'est, pour l'heure, toujours pas concrétisé sur le terrain et ne reçoit ni publicité ni propagande dans les pays de départ. Maurice Koïba, le rapatrié de Libye, désormais tout à ses études d'anglais et d'informatique et toujours en campagne *«pour une migration digne et légale»*, a renoncé depuis belle lurette à demander un visa à l'ambassade de France : son prix est prohibitif pour un jeune de sa condition sociale et n'est pas remboursé en cas de refus, ce qui attend l'immense majorité des demandes.

1. Voir le site de l'initiative conjointe UE-OIM pour la protection et la réintégration des migrants : <https://migrationjointinitiative.org/fr>.

2. Entretien avec la cheffe de bureau de l'OIM.

3. Les deux adolescents alors âgés de quatorze ans avaient eu droit à des funérailles quasi nationales (ndlr).

4. «400 journalistes ouest-africains ont été formés aux techniques de reportage sur la migration depuis 2018, plus récemment en Guinée-Bissau», site de l'OIM, 2 août 2019, <www.iom.int/fr/news/400-journalistes-ouest-africains-ont-ete-formes-aux-techniques-de-reportage-sur-la-migration>.

5. «IOM, Italy launch "AWARE MIGRANTS" campaign», site de l'OIM, 29 juillet 2016, <www.iom.int/news/iom-italy-launch-aware-migrants-campaign>.

6. M. Baumard et A.-A. Durand, «Immigration : faut-il s'attendre à une "ruée vers l'Europe"? La réponse des démographes», LeMonde.fr, 12 septembre 2018, <www.lemonde.fr/europe/article/2018/09/12/non-l-afrique-subsaharienne-ne-va-pas-envahir-l-europe_5353671_3214.html>.

HISTOIRE DE
LA BOMBE AÉROSOL

Les outils de la
contestation graphique

PAR Zoé CARLE

Faire l'histoire de la bombe aérosol, c'est revenir sur le mouvement artistique multiforme du *writing*, mais aussi comprendre l'influence de ce mouvement et de ses outils sur des formes d'écritures qui lui préexistaient : slogans, graffitis contestataires, écritures ordinaires murales. En effet, si l'utilisation de la bombe aérosol en art est d'abord un détournement par rapport à ses usages industriels, rapidement les artistes graffitis eux-mêmes ont pris en charge la conception et la commercialisation de bombes adaptées à leur pratique, diversifiant l'offre et démocratisant l'accès à ces outils de visibilisation de paroles dans l'espace public.

En 1941, le compositeur Harry Partch composa la pièce *Barstow*, œuvre mettant en musique huit graffitis aperçus dans la gare de Barstow, aux États-Unis. Sur les poteaux blancs de la gare, il avait remarqué huit textes inscrits au crayon par des vagabonds de passage, ces fameux *hobos* voyageant dans les wagons de fret afin d'aller chercher du travail là où il se trouvait. Les graffitis des *hobos* font l'objet d'une fascination particulière aux États-Unis : perçu comme un code, ce langage crypté d'hommes et de femmes aux marges de la société rappelait au monde leur indésirable présence. Inscrites dans les wagons de marchandise, sur les poteaux à la croisée des chemins, ces marques discrètes, témoins du passage des *hobos*, constituaient, aux États-Unis, un ancêtre du graffiti contemporain, aux côtés de ceux des gangs des années 1920. Graffiti, de l'italien *graffitare*, du latin *graphio*, « érafler ». Si la passion étymologique apporte peu d'éléments sur les pratiques, elle renvoie toutefois déjà à une matérialité : ces éraflures murales discrètes et anonymes, ces inscriptions « déviantes » sont des dégradations, mineures, faites à la va-vite par des individus qui ne sont autorisés à inscrire ni leurs noms ni leurs opinions dans l'espace public.

« *Nuisance esthétique grave* […] *de nature à troubler l'ordre public* […] *accroissant le sentiment d'insécurité des habitants et des visiteurs.* » Ces petites phrases, issues d'une page dédiée à la propreté urbaine du site de la mairie d'Aix-en-Provence, témoignent de la centralité des inscriptions urbaines dans les politiques de la ville aujourd'hui. La lutte antigraffitis est au cœur des stratégies de maintien de l'ordre social et esthétique des villes : elle se dote d'un cadre juridique et politique spécifique, mais aussi d'une économie qui lui est propre, celle des sociétés d'effacement. L'histoire est ancienne et largement documentée dans le champ des politiques publiques par les chercheurs en sciences sociales et les géographes. Comme le rappelle la sociologue Julie Vaslin, le « *lien entre la problématisation des écritures publiques et les questions de salubrité urbaine témoigne de l'ancienneté de la lutte antigraffitis au nom d'enjeux hygiéniques ou environnementaux* » qui remontent au tournant des XIXᵉ et XXᵉ siècles [1]. L'augmentation de la répression à la fin du XXᵉ siècle n'est pas sans lien avec la prolifération des messages : en moins de cinquante ans, le nombre et le statut des inscriptions urbaines ont radicalement changé. Les pochoirs voisinent avec les fresques colorées, les personnages façon *comics* et les innombrables ACAB, tandis que l'affichage politique connaît ces dernières années un second souffle.

À bien les considérer, ces messages ne prêtent pas vraiment à conséquence, en dépit de la guerre féroce qui leur est faite. Et ils ne sont évidemment pas de nature à concurrencer les solennelles inscriptions autorisées par les maîtres de l'ordre graphique public : devises au front des monuments, lettrages imposants des administrations… De fait, la guerre des lettres dans l'espace public est asymétrique et le graffiti a longtemps été la trace des inaperçus, réservée à des compréhensions d'initiés. Mais les armes de la contestation graphique ont leur propre histoire technique et la prolifération des messages déviants dans la ville n'est peut-être pas étrangère au développement d'un outil en particulier : la bombe aérosol.

Préhistoire du graffiti : craie, peinture, cirage

En 1953, Guy Debord appose à la craie sa célèbre inscription sur un mur, rue de Seine : « *Ne travaillez jamais* ». La postérité de ce graffiti est étonnante si l'on considère la fragilité de l'outil qui a servi à le réaliser. Ce sont la photographie du message, sa transformation en carte postale et les conflits entre l'auteur et le photographe qui ont certainement contribué à lui offrir une seconde vie dans les contre-cultures étudiantes. C'est qu'en 1953, les outils de la contestation graphique étaient rudimentaires : craie, peinture au pinceau pour les plus nantis, cirage ou bâtons trempés dans du goudron, quand les messages n'étaient pas tout simplement gravés sur les surfaces à disposition. Si les bombes aérosols permettant la dispersion de la peinture font leur apparition dès la fin des années 1940, les marqueurs sont développés dans les années 1960 par la marque japonaise Pentel. Ces deux outils ont joué un rôle décisif dans la visibilisation des écritures déviantes et, notamment, lors du grand mouvement d'insurrection mondial de 1968, véritable rupture dans le regard porté sur les créations contestataires et en particulier sur les slogans révolutionnaires. Afin de comprendre la diversification des usages et leur multiplication dans l'espace public, il faut sans nul doute prendre en compte l'histoire du design industriel.

AU MILIEU DES ANNÉES 1960, LE « *NAME-GRAFFITI* » FAIT SON APPARITION : IL VA ACCOMPAGNER DE FAÇON EXTRAORDINAIRE LE DÉVELOPPEMENT DE LA BOMBE AÉROSOL.

L'invention de la bombe aérosol par Ed Seymour, négociant en peintures industrielles à Sycamore, dans l'Illinois, date de 1949. La légende veut que l'idée lui ait été soufflée par sa femme, Bonnie, qui lui aurait suggéré de s'inspirer des sprays des déodorants, alors qu'il cherchait le moyen de peindre rapidement un radiateur avec de la peinture aluminium. L'invention coïncide avec l'essor du DIY dans les États-Unis d'après-guerre ainsi que le développement du bricolage en tant que marché à part entière. La bombe aérosol est rapidement adoptée par les bricoleurs et les maquettistes avant d'atteindre les constructeurs automobiles et d'autres industries. Bientôt, les poids lourds de la peinture industrielle suivent le mouvement. Au milieu des années 1960, un nouveau phénomène fit son apparition, le « *name-graffiti* », sans lien ni avec les gangs ni avec des mouvements politiques, mais qui en partageait les traits formels et allait accompagner de façon extraordinaire le développement de la bombe aérosol.

Si le storytelling de la famille Seymour installe l'outil sur la scène de la banlieue pavillonnaire étasunienne d'après-guerre et le lie à la réussite d'un *self-made-man* devenu multimillionnaire, l'histoire de la bombe aérosol est en réalité plus ancienne. Aux yeux d'Alain Colombini, chimiste au sein du Centre interdisciplinaire de conservation et de restauration du patrimoine (CICRP) et spécialisé dans la restauration d'œuvres réalisées à la bombe aérosol, l'histoire de cet instrument est celle de la propulsion des liquides. D'une certaine façon, l'ancêtre des bombes de peinture est certainement le siphon à soda, inventé en France en 1790 et popularisé sous la jolie forme désuète des bouteilles d'eau de Seltz dans la culture populaire. Selon Alain Colombini, ce n'est pas un hasard si c'est la peinture aluminium, ou *silver*, qui marque la naissance de la bombe spray : « *La peinture* silver, *qui est la plus utilisée par les graffeurs, implique un mode de pulvérisation spécifique, en raison des éléments métalliques qui sont dans les pigments. Avec ce nouvel outil de dispersion de peinture, la ménagère pouvait peindre en accédant à tous les petits recoins sans se salir.* » Chaque élément de la bombe aérosol a en réalité suivi sa propre trajectoire technologique : une bombe, c'est un récipient contenant des pigments, un liant, un gaz propulseur et un agent dispersant, le tout surmonté d'un diffuseur, ces fameux *caps*, élément décisif au XXe siècle de l'histoire du design industriel de l'objet.

Cette histoire s'écrit principalement entre deux pays, la Norvège et les États-Unis et, comme souvent, une même idée est brevetée en même temps à des endroits différents. En ce qui concerne la bombe spray, tout se joue autour des années 1930 et 1940. En 1927, Erik Andreas Rotheim, ingénieur norvégien, cherche une solution technique afin de farter ses skis et dépose en Allemagne le brevet d'un « *Procédé et dispositif pour asperger et disperser des substances liquides ou semi-liquides* », en d'autres termes, un récipient contenant des liquides sous pression et muni d'une valve. Dans la foulée, le fabricant de peintures Richard Bjercke, proche de Rotheim, qui cherchait à produire des bidons en format réduit de peinture et de laque, s'approprie l'invention et la perfectionne. Le troisième homme de cette chaîne inventive est le mécanicien Frode Mortensen qui s'intéresse lui aux valves, les *caps*, pour lesquelles il dépose des brevets en 1938 puis en 1939. Dans le même temps, aux États-Unis, le chimiste Lyle Goodhue conduit des recherches sur les solvants et les agents propulseurs en vue de perfectionner les sprays à insecticides. Dans son livre de référence sur la question,

Aerosols, Daniel «Rosko» Knorn raconte comment Goodhue a fait équipe avec l'entomologiste William N. Sullivan: «*En mélangeant le propulseur n° 12, qui allait être appelé par la suite Freon 12, avec un insecticide et en injectant la mixture dans une bouteille sous pression avec valve à la Rotheim, ils atteignirent leur objectif. La légendaire "bug bomb[2]" était née[3].*» Que ce soit pour projeter des insecticides, du déodorant ou de la peinture, la suite de cette histoire n'est faite que de perfectionnements techniques et tout particulièrement de celui des valves.

> COMME DANS TOUTE HISTOIRE DE DESIGN INDUSTRIEL, C'EST UNE GUERRE TECHNOLOGIQUE ET INDUSTRIELLE QUI SE JOUE AUTOUR DE LA BOMBE AÉROSOL.

Comme dans toute histoire de design industriel, c'est une guerre technologique et industrielle qui se joue, dans laquelle le dépôt des brevets joue un rôle primordial. En 1949, au moment où Ed Seymour déposait son brevet, l'ingénieur Robert Abplanalp inventa, à New York, la valve d'un pouce et fonda sa compagnie: The Precision Valve Corporation. Celle-ci devient rapidement leader mondial du secteur et n'a toujours pas été détrônée: aujourd'hui, elle engrange 418,9 millions de dollars de chiffre d'affaires annuel et a déposé plus de 300 brevets depuis 1949. De l'autre côté de l'Atlantique, à Hambourg, un autre inventeur de valves aérosols, Edward H. Green, fonda la Newman-Green Inc. en 1947, puis l'entreprise Lindal en 1959, laquelle fournit aujourd'hui presque toutes les bombes aérosols produites en Allemagne. Si, dans un premier temps, les clients principaux des fabricants d'aérosols furent l'armée et l'industrie agroalimentaire, deux secteurs intéressés par la dispersion à grande échelle de produits chimiques, un troisième type d'utilisateur fit son apparition au mitan des années 1960, qui allait dessiner les contours d'un nouveau marché, lié aux mondes de l'art, et avoir un impact décisif sur les innovations techniques de l'outil.

Du DIY aux mondes de l'art: explosion des contre-cultures graphiques

Alain Colombini le rappelle: «*Tout un tas de gens très sérieux ont travaillé au fil du temps à l'amélioration technique de la bombe aérosol mais, très vite, les fabricants et les utilisateurs ont exprimé des besoins autres qu'une propulsion pure et simple:*

de plus en plus de finesse dans le trait ou au contraire un trait plus large… » Ces utilisateurs, ce sont les graffeurs, autrement appelés *writers*. En 1972, à New York, Super-Kool 223 crée le «*fat cap*» : une valve permettant de réaliser des gros tracés. Le mouvement graff est à l'aube de son âge d'or : les pionniers démarrent à New York et sur la côte ouest en écrivant leurs noms dans les rues et sous les ponts, sur les murs et sur les métros. La bombe aérosol a une petite dizaine d'années et Jean Baudrillard écrit *Kool Killer ou l'insurrection par les signes* (1976) : sur les murs des villes il y a ces «*signifiants vides*» décrits par le philosophe, balbutiements d'un mouvement artistique international. Mais ce ne sont pas les seuls à exploser : à l'échelle mondiale, c'est la décennie de la contestation étudiante, dans la foulée de Mai 68, et les slogans révolutionnaires ne s'écrivent désormais plus à la craie. En 1977, Pino Marchi, dirigeant d'une chaîne de télévision italienne, publie *Italia Spray. Storia dell'ultima storia scritta sui muri.* Ce spécialiste des communications décrit la bombe spray comme un *media* comparable aux messageries instantanées type WhatsApp : «*Les bombes de peinture sont devenues les nouvelles armes de la contestation et de la révolution culturelle, des armes "impropres", pour la communication urgente des masses mais aussi des moyens d'expression pour des confidences toutes privées.* » Il commence à collecter slogans et inscriptions qui s'affrontent sur les murs des villes italiennes : «*Dans les années 1970, il y avait essentiellement des écritures poli-tiques. Le mouvement graff vient après. Je ne sais pas si cela a un lien avec la bombe spray, parce qu'avant on écrivait à la craie… Ce qui est sûr, c'est qu'avec la bombe spray, on écrit plus vite, plus discrètement et ça se voit plus.* »

> LE MOUVEMENT GRAFF DÉMARRE À NEW YORK ET SUR LA CÔTE OUEST. LES PIONNIERS ÉCRIVENT LEUR NOM DANS LES RUES ET SOUS LES PONTS, SUR LES MURS ET SUR LES MÉTROS.

Si l'invention du tube de peinture souple a permis le développement de l'im-pressionnisme en offrant aux artistes la possibilité d'aller peindre en extérieur, on peut de la même manière affirmer que c'est la bombe aérosol qui a permis la naissance du graff, activité qui flirte avec l'illégalité. Aux yeux d'Alain Colombini, cet outil a révolutionné les pratiques : «*J'ai toujours eu le sentiment que le pinceau était mort avec la bombe aérosol. Sa grande vertu est de pouvoir appliquer de la peinture à tout moment, dans toutes conditions, en pouvant gérer le débit.* » De fait, l'outil a aussi fait son chemin, à partir des années 1960, vers les ateliers d'artistes, sans acquérir pour autant le statut de technique révolutionnaire, mais étant utilisée en complément des pinceaux. Car c'est plutôt en extérieur que la bombe est devenue incontournable.

LA BOMBE AÉROSOL A PERMIS LA NAISSANCE DU GRAFF.

À partir des années 1960, sa commercialisation à grande échelle a eu un impact phénoménal sur le développement massif du graffiti, entendu comme « media *de basse technologie* » pour reprendre les termes de Lyman G. Chaffee. Selon Pino Marchi, plus que le mouvement graff, « *ce sont les mouvements de contestation qui sont des événements graphiques. Ils ont un impact très fort sur les écritures murales. Par exemple à Hong Kong, il n'y avait pas d'écritures sur les murs avant la contestation et aujourd'hui il y en a partout. En Italie dans les années 1970, l'explosion graphique était liée à la contestation étudiante et à toute cette contre-communication très créative dans ces années-là* ». Aujourd'hui, les murs des villes sont saturés d'écritures : pochoirs féministes, affiches de sensibilisation aux féminicides, tags, fresques murales, slogans répliqués des cortèges… l'expression murale semble plus créative que jamais. Et, prolongeant leur existence virtuelle, les sites de collecte d'aphorismes urbains se sont multipliés : La rue ou rien, Graffitivre et les archivistes dans le genre de Pino Marchi aussi, héritiers des collecteurs de slogans de Mai 68. Slogans et graffitis politiques ont préexisté au marquage territorial des gangs puis des *writers*, mais ils ont bénéficié en retour de l'attention suscitée par ce phénomène aux confins de l'art et du vandalisme. Le message compte bien entendu plus que la précision du trait du point de vue de ceux qui apposent leurs slogans dans les rues, mais ceux-là bénéficient tout autant des progrès techniques d'un outil d'écriture aussi peu cher et accessible : discrétion et rapidité d'exécution. Et de toute évidence, ce sont les *writers* qui ont œuvré à son perfectionnement et à sa démocratisation.

Le marché de la bombe spray aujourd'hui

Le milieu des *writers* est une communauté avec ses normes tacites, ses rites d'entrée aussi, qui se sont un peu dilués depuis que l'on peut acheter des bombes en tout anonymat sur internet. Car les magasins de bombes ont un temps fait office de *gate-keepers* pour les novices : « *Le vendeur pouvait choisir de nous vendre ou pas, selon qu'on était un* toy *ou non*, explique un jeune graffeur marseillais. *Moi d'une certaine façon, j'aurais peut-être pas pu peindre à l'époque.* » C'est tout le paradoxe aussi de l'ouverture de ce juteux marché de la bombe aérosol : s'il est communément admis dans le milieu que les « vrais » n'achètent pas leurs bombes – ils les volent, voire rackettent d'autres *crews* –, ils sont tout de même très impliqués dans le design et le développement commercial de la bombe aérosol.

En 1994 Jordi Rubio, employé d'une entreprise de peintures industrielles barcelonaise, propose à son patron de développer un outil spécialement adapté à la pratique des *writers*, qui prenne en compte leurs besoins techniques et qui soit accessible financièrement. « *Je levais les yeux dans la rue et je voyais tous ces graffitis, toutes ces fresques. À l'époque, les graffeurs volaient les bombes de peinture parce que c'était trop cher, ça faisait partie du truc. Moi, je me suis dit qu'il fallait faire quelque chose : travailler avec les* writers *et produire beaucoup de bombes afin de réduire les coûts.* » La suite de l'histoire, c'est le refus du patron et la création de Montana Colors, petite entreprise florissante saluée aujourd'hui par les *writers* européens et dont les chaînes de production se trouvent à côté de Barcelone : « *J'ai voulu conserver les chaînes de production ici, pour que ça reste à taille humaine, aussi parce que je ne voulais pas délocaliser alors que nous étions dans une ancienne région industrielle* », explique le fondateur, ajoutant en riant « *et aujourd'hui, c'est la boîte de mon ancien patron qui n'existe plus. Il aurait dû m'écouter !* ». L'histoire de la bombe spray est celle de la mondialisation et de la circulation des biens. À de très rares exceptions près, comme Montana, les chaînes de production se trouvent en Chine, où l'on peut produire à bas coût. Du côté des ventes, le marché des graffeurs, professionnels et amateurs, s'est développé surtout à la fin des années 1990 et au tout début

> **LES « VRAIS » N'ACHÈTENT PAS LEURS BOMBES : ILS LES VOLENT, VOIRE RACKETTENT D'AUTRES *CREWS*.**

des années 2000, attisant la convoitise des industriels. L'histoire de Montana est aussi celle d'une féroce guerre commerciale. Au début des années 2000, une entreprise allemande de peinture pour voiture, constatant l'ascension de la petite entreprise espagnole, essaie en vain de la racheter. Elle décide alors de fonder Montana Cans, et de déposer la marque en premier. « *Ça, ç'a été toute une histoire !*, raconte Jordi Rubio, *mais nous nous sommes battus, un peu comme David contre Goliath, et nous avons gagné le droit de conserver le nom Montana.* »

La longue chaîne des innovations techniques et du perfectionnement de la bombe aérosol ne s'arrête pas là : « *On est arrivé dans les années 2000 à avoir des caps un peu gadgets, comme disent certains graffeurs, qui peuvent faire des choses incroyables comme une toile d'araignée après dispersion* », s'amuse Alain Colombini. Mais ces dernières années on a surtout abordé une nouvelle phase, celle du graffiti écologique, qui s'adapte aux nouvelles normes juridiques édictées par l'Union européenne, très respectées par le secteur de la peinture industrielle, mais qui prend surtout en considération les nombreuses maladies développées par les professionnels de l'écriture urbaine à cause de la toxicité des solvants. Et qui permet aussi d'attaquer de front un nouveau marché, dessiné par de nouveaux utilisateurs : les enfants.

1. J. Vaslin, « Esthétique propre : la mise en administration des graffitis à Paris de 1977 à 2017 », thèse en science politique, sous la direction de Gilles Pollet, université Lyon-2 Lumière, 2017.
2. Bombe insecticide (ndlr).
3. Daniel « Rosko » Knorn, *Aerosols*, sl., 2015.

RENAUD CAMUS, IDÉOLOGUE MONDIAL ET KITSCH DU SUPRÉMACISME BLANC

De la contre-culture gay
à l'obsession du « *grand remplacement* »

PAR **James McAULEY**

TRADUIT DE L'ANGLAIS (ÉTATS-UNIS) PAR SÉBASTIEN FONTENELLE[1]

Renaud Camus était naguère – avant qu'il ne sombre dans la xénophobie – un écrivain respecté. Aujourd'hui, sa notoriété lui vient de ses divagations sur « *le grand remplacement* » – ce délire selon lequel les Européens « *de souche* » seraient sur le point d'être submergés par un afflux de migrants, principalement musulmans. En France, il compte des supporteurs fidèles – comme les journalistes qui recyclent ses élucubrations – et quelques amis sûrs, comme l'essayiste Alain Finkielkraut, qui juge qu'il « *dénonce à juste titre* » le « *remplacisme global* ». Mais sa renommée ne s'arrête pas aux frontières de l'Hexagone : le terroriste Brenton Tarrant avait rédigé, avant d'assassiner en mars 2019 plusieurs dizaines de fidèles dans deux mosquées de Christchurch (Nouvelle-Zélande), un long manifeste dont le titre était : *Le Grand Remplacement*.

Écrivain gay d'avant-garde dans les étourdissantes années 1980 ; lauréat, en 1996, pour l'ensemble de son œuvre, du prix Amic de la très sélective Académie française, apôtre radical de la défense de l'art pour l'art, retiré dans un château du XIVᵉ siècle afin d'y vivre parmi les dessins et les toiles qui semblaient être les seules sources d'inspiration qu'il acceptait de se reconnaître : Renaud Camus, au fil du temps, a été tout cela.

Sa marque de fabrique était l'intrépidité : c'était évident dès la parution, en 1979, de *Tricks*, un recueil de nouvelles autobiographiques racontant par le menu les expériences homosexuelles de son narrateur, de *backrooms* en appartements crasseux, des deux côtés de l'Atlantique. Extrait : « *Il se branle. Je me branle. Mais comme ça ne m'amuse pas tellement, je me mets à mon tour de la salive dans le cul, m'agenouille de part et d'autre de lui, et introduis son sexe, qui n'est pas d'une taille très considérable, sans grande difficulté en moi. […] Il jouit au moment où l'un de mes doigts est contre la fente de son cul.* »

Aujourd'hui, cependant, l'auteur de *Tricks* est surtout connu pour être le principal

« *LE GRAND REMPLACEMENT* » EST DEVENU LE CRI DE RALLIEMENT DES SUPRÉMACISTES BLANCS PARTOUT DANS LE MONDE.

inventeur du « *grand remplacement* » – cette fantasmagorie complotiste selon laquelle l'Europe chrétienne blanche est en passe d'être envahie par des hordes de migrants venus d'Afrique de l'Ouest et du Maghreb.

Depuis qu'il en a fait, en 2012, le titre de l'un de ses livres, autoédité, cette expression, « *le grand remplacement* », est devenue le cri de ralliement des suprémacistes blancs partout dans le monde, des manifestants d'extrême droite qui ont déferlé sur Charlottesville (Virginie) en août 2017 au meurtrier qui a tué onze fidèles de la synagogue de Pittsburgh en octobre 2018, en passant bien sûr par Brenton Tarrant, l'auteur présumé de l'attaque de deux mosquées en Nouvelle-Zélande au mois de mars 2019, qui avait mis en ligne, avant d'assassiner cinquante et une personnes, un manifeste de soixante-quatorze pages également titré : *Le Grand Remplacement*.

Au lendemain de la tuerie de Christchurch, alors que je préparais un article pour le *Washington Post,* j'appelai Renaud Camus à l'improviste. Il m'expliqua qu'il condamnait ce type de violence, mais qu'il appréciait tout de même le fait que ces différents épisodes avaient favorisé un regain d'intérêt envers ses thèses, ajoutant : « *Est-ce que je regrette que les gens prennent conscience de la substitution ethnique qui est à l'œuvre dans mon pays ? Non, bien au contraire.* »

Camus, aujourd'hui âgé de soixante-douze ans, vit à Plieux (Gers), à proximité d'une paisible petite bourgade, à une heure de route de la gare la plus proche. Mais quand des croyants sont massacrés dans une mosquée à l'autre bout du monde, son téléphone se met à sonner. Bien qu'il tweete constamment – sans toutefois bénéficier d'un compte certifié –, la presse et les médias veulent recueillir son avis. Et après chaque série d'échanges avec des journalistes français et étrangers, il a généralement accumulé assez de matériau pour nourrir le journal en ligne qu'il publie quotidiennement.

Mais Camus n'est pas seulement un commentateur : il a été candidat aux élections européennes de mai 2019. Son parti est arrivé avant-dernier – les espérantistes, par exemple, ont recueilli dix fois plus de voix –, mais sa candidature était plus qu'un coup de pub : l'écrivain est l'incarnation vivante du renversement culturel par lequel l'Europe a renoncé à ses idéaux de tolérance et basculé dans la colère identitaire. Quelques jours avant l'élection, une photo de l'une des candidates présentes sur sa liste, agenouillée devant la croix gammée géante qu'elle venait de tracer dans le sable d'une plage, fut massivement diffusée sur les réseaux sociaux. Lui-même se retira alors de la course : la svastika « *est à l'opposé de tout ce pour quoi j'ai combattu toute ma vie* », m'a-t-il assuré.

Camus n'est pas le premier à considérer qu'il y a en France trop de migrants et de musulmans, et n'a pas non plus spécialement révolutionné l'expression de ces opinions. Ce qu'il apporte de nouveau est une sorte de mise en scène raffinée – une performance où il joue l'esthète outragé qui se lamente, depuis sa thébaïde de vieilles pierres, du déclin démographique d'une société de laquelle il s'est volontairement retranché. Chez lui, le « *grand remplacement* » n'est pas seulement une croyance : il s'agit aussi d'un excellent moyen d'exister dans l'époque, sans lequel il aurait peut-être été complètement oublié.

CHEZ LUI, LE « *GRAND REMPLACEMENT* » EST UN EXCELLENT MOYEN D'EXISTER DANS L'ÉPOQUE, SANS LEQUEL IL AURAIT PEUT-ÊTRE ÉTÉ COMPLÈTEMENT OUBLIÉ.

On peut considérer Camus comme un Steve Bannon qui aurait mieux réussi que l'ancien conseiller de Donald Trump. Les grands desseins européens de Bannon, annoncés à grand renfort de publicité, se sont finalement résumés à quelques furtives apparitions à la télévision. Et les prétendues « écoles » de droite qu'il a mises sur pied s'apparentent plus à des clubs de lecture identitaires qu'aux centres de formation de la soi-disant élite populiste qu'il avait promis de créer. Bien que Camus n'ait jamais affiché de si spectaculaires ambitions, son impact a été beaucoup plus profond. Une étude à paraître, menée par un *think tank* londonien – l'Institute for Strategic Dialogue – qui a analysé des données recueillies sur les réseaux sociaux, le présente ainsi comme l'influenceur principal – il surpasse même Donald Trump – des discussions en ligne portant sur la « *remigration* » : le renvoi forcé des non-Européens vers leurs pays d'origine.

Camus conteste l'idée selon laquelle il aurait changé de quelque manière que ce soit : « *Je crois que ma vie est cohérente* », m'expliquait-il récemment. Selon lui, *Tricks* était un livre qui disait ce qui ne pouvait pas être dit, et il en va de même du *Grand Remplacement*. « *L'homosexualité ne pouvait être mentionnée que dans un contexte érotique, et jamais en des termes simples.* Tricks *est un ouvrage paradoxal, qui ne dit rien d'extraordinaire, et dont il n'y a en fait pas grand-chose à dire.* » Camus se voit lui-même comme un diseur de vérité, quelqu'un qui rappelle simplement ce qui devrait être évident pour tout le monde. « *La mission du grand écrivain dans la société est de montrer ce qui est tu, de mettre en évidence les non-dits du discours public.* »

Il se pourrait bien que Camus ait raison lorsqu'il soutient qu'il est resté le même tout au long de sa vie – mais pas nécessairement de la manière dont il le pense. Ce qui relie les différents personnages qu'il a incarnés au fil du temps, de l'écrivain gay subversif au fervent supporter de Marine Le Pen, est une adhésion (ou à tout le moins une aspiration) immuable à l'esthétisme. Le plus important, à ses yeux, ne semble pas être de s'assurer que quelque chose est vrai ou juste, mais de savoir si c'est beau, selon sa propre définition de cet adjectif. Comme l'a observé Walter Benjamin dans un texte fameux : « *La conséquence logique du fascisme est une esthétisation de la vie politique.* »

Cependant le bon goût véritable échappe à Camus : sa mise – un impeccable costume trois-pièces, le jour où je l'ai rencontré dans une bibliothèque sépulcrale, jonchée de livres tout aussi intimidants – est un tout petit peu excessive. Sur son site, des photos le montrent de profil, fixant d'un air pensif des paysages de prés vides, méditatif telle une statue vivante de Rodin. Ce que vous voyez est un intellectuel de cinéma, un châtelain tout droit sorti d'une série d'époque de Netflix. Mais le kabuki est si stylisé que ce qui saute aux yeux est l'artifice et non la substance. Interviewer Camus, c'est l'écouter rabâcher encore et toujours les mêmes formules, déjà écrites, déjà publiées. « *Le racisme a fait de l'Europe un champ de ruines, puis l'antiracisme l'a transformée en un bidonville ultraviolent* », m'a-t-il assuré. Mais lorsqu'il s'est lancé dans cette tirade, j'en avais déjà noté les derniers mots avant même qu'il ne les prononce – car la série a comme un air de déjà-vu.

L'esthétisme est l'essence du grand remplacement. Pour Camus, il est question ici de défense de la bonne société, d'une quête obstinée et parfois violente de la pureté. Le problème, bien sûr, est que le grand remplacement n'existe pas : des changements démographiques ont bel et bien eu lieu, mais Camus n'a jamais connu, de son vivant, l'espèce d'utopie blanche sur laquelle il fantasme. Durant tout le XXe siècle, la population française a été l'une des plus diverses de l'Europe occidentale. Ses évolutions les plus significatives se sont produites dans les années 1960 et 1970, au moment de la décolonisation. L'immigration, aujourd'hui, y est donc tout sauf une nouveauté. *Le Grand Remplacement* prétend révéler la vérité, mais il s'agit d'un mensonge, et pas d'un « *non-dit du discours* ». Et du point de vue de l'esthétique, *Le Grand Remplacement* relève du kitsch, d'un trucage grossier qui excite les instincts les plus primaires : principalement des pincements de nostalgie, mais aussi des accès de rage. Au fond, c'est sa ringardise qui fait sa force.

Il est difficile de dater avec précision la radicalisation de Renaud Camus. Mais un moment clé est incontestablement ce qu'il est

DU POINT DE VUE DE L'ESTHÉTIQUE, *LE GRAND REMPLACEMENT* RELÈVE DU KITSCH, D'UN TRUCAGE GROSSIER QUI EXCITE LES INSTINCTS LES PLUS PRIMAIRES.

aujourd'hui encore convenu d'appeler «l'affaire Camus», qui lui a valu d'être accusé d'antisémitisme – allégation qui a ruiné sa réputation et l'a mis, à tout jamais, au ban de la bonne société. De fait, c'est après cela qu'il est passé du statut de romancier semi-respecté à celui de théoricien du complot. *Le Grand Remplacement* est beaucoup de choses, mais il s'agit d'abord de la fabrication d'un paria, de la bravade scandaleuse d'un réprouvé qui n'a plus rien à perdre.

L'affaire commence en avril 2000, quand Camus publie, chez Fayard, son journal de l'année 1994 : *La Campagne de France*. Il y écrit, dans un style qui rappelle, en plus sardonique, celui des frères Goncourt – lesquels n'étaient pas eux-mêmes de grands admirateurs des juifs – que les «*collaborateurs juifs*» de l'émission Panorama, diffusée sur France Culture – ce joyau de la radio publique française –, sont tout simplement trop nombreux. «*Ils sont à peu près quatre sur cinq à chaque émission, ou quatre sur six ou cinq sur sept, ce qui, sur un poste national ou presque officiel, constitue une nette surreprésentation d'un groupe ethnique ou religieux donné*», se désole-t-il.

Le problème, explique-t-il, ne réside pas tant dans le nombre de juifs qui s'expriment sur France Culture que dans l'impossibilité fondamentale, pour un juif – quand bien même il serait français depuis des générations – de comprendre et de transmettre la culture française à des auditeurs français. Il écrit notamment : «*J'éprouve, de toutes mes fibres, un amour passionné pour l'expérience telle qu'elle fut vécue pendant une quinzaine de siècles par le peuple* français sur le sol de France ; et pour la culture et la civilisation qui en ont résulté. [...] Par voie de conséquence, il m'agace et m'attriste de voir et d'entendre cette expérience, cette culture et cette civilisation avoir pour principaux porte-parole et organes d'expression, dans de très nombreux cas, une majorité de juifs, français de première ou de seconde génération bien souvent, qui ne participent pas directement de cette expérience.*»

Camus commet là ce qui, dans la vie culturelle française, reste le péché le plus impardonnable : non seulement l'antisémitisme, mais au surplus cette sorte particulière d'antisémitisme qui rappelle les invectives du XIXe siècle, quand des juifs fièrement français comme le capitaine Dreyfus étaient stigmatisés comme étrangers et dénoncés comme traîtres. De même, Camus, lui aussi homme de lettres, suggère que des écrivains hexagonaux aussi iconiques que Marcel Proust, qui était à moitié juif, et Romain Gary, immigré juif lituanien, étaient capables, au mieux, d'«*expliquer*» la culture et la civilisation françaises «*d'une façon qui leur* [était] *extérieure*».

L'écrivain Marc Weitzmann, alors jeune journaliste aux *Inrockuptibles*, est le premier à demander des comptes à Camus. Après avoir lu les passages problématiques de *La Campagne de France*, se rappelle-t-il, il avait invité l'écrivain à boire un verre au Café Beaubourg, qui était déjà l'un des rendez-vous préférés du tout-Paris bon chic bon genre. «*C'est à ce moment-là que j'ai décidé d'écrire quelque chose, parce que le gars était réellement répugnant*», explique Weitzmann. «*S'il m'avait juste dit "je n'aime pas les juifs",*» *ou "allez vous faire foutre", ç'aurait presque mieux valu, parce qu'au moins, ç'aurait été cohérent. Mais au lieu de ça, quand je l'ai questionné sur son journal, il m'a répondu que le fait d'écrire ce qui lui plaisait ne faisait pas de lui un antisémite, et que le seul mot qu'il regrettait d'avoir employé, à propos des juifs, était "race".* »

Pour Camus, l'affaire marque le début de la fin : ses amis ne l'appellent plus, le buzz associé à son nom n'est plus que négatif et de prestigieux éditeurs l'abandonnent – aujourd'hui, ses livres sont publiés à compte d'auteur. « *Ce fut effective-ment une expérience très déplaisante* », reconnaît-il d'ailleurs. Dans le récit qu'il en fait, il est la vic-time. « *De mon point de vue, ce que j'avais écrit était vrai. Et il me semblait que je pouvais le dire.* » Dix-neuf ans plus tard, voici ce qu'il a retenu de l'épisode : « *Des gens qui ne lisent pas et qui ne savent rien de moi m'ont accusé d'être antisémite. Ce qui est la chose la plus absurde que l'on puisse ima-giner.* » Et pourtant, les svastikas, d'une manière ou d'une autre, le suivent partout où il va.

D'une certaine manière, *Le Grand Rem-placement* peut être considéré comme une expiation. L'un de ses principaux arguments est que si les musulmans ne doivent pas être massivement tolérés, c'est parce qu'ils consti-tueraient une menace évidente pour les juifs. C'est un point de vue que Camus exprime crûment, mais que les représentants des élites françaises ont, pour la plupart, complètement assimilé, surtout après que douze juifs ont été assassinés en France dans le cours des quinze dernières années. (Dans chaque cas, l'un au

moins des assassins était d'origine maghrébine ou subsaharienne.) Le lectorat nanti du *Figaro* préfère, certes, user encore d'un euphémisme et parler plutôt de « *nouvel antisémitisme* » – mais chacun sait qui cela vise.

L'UN DE SES PRINCIPAUX ARGUMENTS EST QUE SI LES MUSULMANS NE DOIVENT PAS ÊTRE MASSIVEMENT TOLÉRÉS, C'EST PARCE QU'ILS CONSTITUERAIENT UNE MENACE ÉVIDENTE POUR LES JUIFS.

Et Camus, désormais, peut compter sur de nombreux soutiens juifs, à commencer par le fameux penseur ultraconservateur Alain Finkielkraut qui, depuis 2000, l'a toujours défendu. « *Il parlait d'une émission de France Culture, et s'il est vrai qu'il s'est exprimé en des termes qui étaient certainement maladroits, la campagne dont il a été victime était totalement injuste* », assure aujourd'hui Finkielkraut, qui a, depuis, réinvité Camus sur France Culture, dans sa propre émission. La substitution démo-graphique « *n'est pas une théorie complotiste* », ajoute le philosophe. Mais il soupire lors-qu'on lui demande ce qu'il pense des récents engagements politiques de son hôte et du fait qu'il parle couramment de « *génocide par subs-titution* ». Camus, selon lui, « *témoigne d'une anxiété* » légitime « *quant au devenir de l'identité française, mais il est tellement radical dans ses pro-positions qu'il en devient inaudible* ».

Outre Finkielkraut, le polémiste Éric Zemmour a repris à son compte le « *grand remplacement* » de Camus dans deux livres récents : *Le Suicide français* (2014) et *Destin français* (2018). Zemmour est peut-être un provocateur, mais il est surtout un *businessman* avisé : ces deux ouvrages sont restés pendant de longues semaines en tête des listes des meilleures ventes.

Afficher son philosémitisme – ou à tout le moins son anti-antisémitisme – est devenu une obsession chez Camus. Récemment, il a peint une série de toiles représentant la première lettre de l'alphabet hébreu : aleph (א). Et lorsqu'il s'est présenté aux élections européennes, il a écrit dans son programme que les idéaux de tolérance portés par les élites libérales avaient créé « *un monde où il devient de plus en plus difficile d'enseigner la Shoah, et d'où les Juifs sont obligés de fuir par milliers* ».

Dans le même temps, et comme beaucoup d'autres à l'extrême droite – Trump, Viktor Orban et même Benjamin Netanyahou –, Camus impute à une cabale l'avènement d'un nouveau monde qu'il trouve terrifiant et il use, à cette fin, de termes qui rappellent de façon frappante l'antisémitisme ancien des *Protocoles des sages de Sion*. « *Disons* : la davocratie », écrit-il. Soit : « *La gouvernance managériale du monde par Davos, par la technique et par la finance, par la finance comme pure technique, manipulation abstraite des chiffres, des mots et des hommes.* » Autre exemple : après Charlottesville, il a décidé, de sa propre initiative, de publier, directement en anglais, un nouveau livre, *You Will Not Replace Us!* Une seule chose l'a gêné

dans ce qui s'est passé à Charlottesville : « *C'était ce slogan, "Les juifs ne nous remplaceront pas", ça m'a terrifié* », assure-t-il. Camus m'a expliqué que ce qui lui était le plus douloureux, dans son expérience de l'accusation d'antisémitisme, était que « *tout était terriblement ambigu* ». Il voulait dire par là, non seulement que les gens ne savaient pas vraiment quoi penser de lui, mais aussi qu'ils ne comprenaient pas ce qu'il disait réellement. Mais désormais, il a renoncé à la nuance. Comme il le dit lui-même : « *Aujourd'hui, il n'y a plus d'ambiguïté.* »

Dans la littérature française fin-de-siècle, l'esthète apparaît comme une figure distante, mais toujours prompte à donner des leçons. Ce dernier aspect est peut-être celui qui le définit le mieux – car il dit bien que sa quête d'un ailleurs dont la beauté virginale n'aurait pas été souillée naît d'un profond sentiment de dégoût à l'égard du monde tel qu'il est. Et il n'existe pas de meilleure évocation de cette psychologie si particulière que le personnage de Jean des Esseintes, l'antihéros du roman de Joris Karl Huysmans, *À rebours*, peut-être le plus grand traité d'esthétisme jamais écrit. « *Son mépris de l'humanité s'accrut ; il comprit enfin que le monde est, en majeure partie, composé de sacripants et d'imbéciles* », dit Huysmans de son personnage. « *Déjà il rêvait à une thébaïde raffinée, à un désert confortable, à une arche immobile et tiède où il se réfugierait loin de l'incessant déluge de la sottise humaine.* » Il y a beaucoup de des Esseintes chez Camus : tous deux se sont retirés dans des mondes qu'ils se sont construits, parce que leur trajectoire a suscité un même mépris.

L'esthète est par définition un réactionnaire, et Camus ne fait pas exception à cette règle. La caractéristique la plus importante du *Grand Remplacement* est peut-être qu'il s'agit d'une critique esthétique. Elle lui a été inspirée, explique-t-il, par le séjour qu'il a effectué dans l'Hérault pour la rédaction d'un guide touristique publié en 1999. En effectuant des repérages, dit-il, il est tombé par hasard sur un groupe de femmes voilées, rassemblées devant une vieille église en pierre. Elles n'avaient rien à faire là, selon lui. « *Bien sûr, c'est lié à mon goût pour l'architecture, pour la transmission. Il y avait quelque chose qui n'allait pas. Comme si des chevaliers en armures du Moyen Âge faisaient irruption dans un film sur la cour de Louis XIV à Versailles : cela serait un anachronisme. Là, c'était un anatopisme. Quelque chose qui n'était pas à sa place.* »

Au fil du temps, le souvenir de ces femmes voilées – à propos desquelles il dit ne se rappeler aucun détail particulier – a plongé Camus dans une vive anxiété. *Le Grand Remplacement*, assure-t-il, ne traite pas seulement de la substitution d'une population à une autre. Il porte également, explique-t-il, sur le fait que tout est remplacé par quelque chose d'autre : « *L'original par la copie, l'authentique par l'imitation,* *l'objet par le fac-similé, l'écrivain par l'intellectuel, la littérature par le journalisme, le journalisme par l'information, l'information par les* fake news, *Venise par Venise à Las Vegas, Las Vegas par Las Vegas quelque part au milieu d'un désert espagnol – ou bien où sais-je encore.* » Mais c'est une démonstration qui ne fait sens que si l'on admet la prémisse selon laquelle les étrangers et les migrants sont eux-mêmes factices, d'une manière ou d'une autre – comme des substituts d'une population autochtone qu'ils ne pourront de toute façon jamais comprendre. « *Le faux est au cœur du grand remplacement* », me dit Camus. « *C'est un monde dans lequel tout est fallacieux, où tout se réduit à une imitation de ce qui devrait être.* »

Si l'esthète est naturellement réactionnaire, il est aussi intrinsèquement xénophobe. Sa hantise du déclin et de la décadence aboutit souvent à une très prosaïque persécution de l'autre. Au XIXᵉ siècle, c'est d'abord parce qu'il les considérait comme une menace pour le patrimoine culturel français que le sinistre antisémite Édouard Drumont vitupérait contre les juifs. On oublie trop souvent que Drumont, bien avant d'écrire le brûlot antisémite qui allait le rendre célèbre – *La France juive*, paru en 1886 –

LA CARACTÉRISTIQUE LA PLUS IMPORTANTE DU *GRAND REMPLACEMENT* EST PEUT-ÊTRE QU'IL S'AGIT D'UNE CRITIQUE ESTHÉTIQUE.

était un antiquaire qui fustigeait la modernisation de son cher Paris. Son premier livre, *Mon vieux Paris*, est une évocation nostalgique d'une ville ravagée par les compagnies ferroviaires corrompues, les grands magasins et les grands boulevards du baron Haussmann. « *On a attaqué, sans générosité et sans justice, nos traditions, notre foi, notre héritage de croyances et d'idées : tout ce qui constitue l'âme même de la Patrie ; j'ai défendu, sans fausse douceur, ce qu'on attaquait sans mesure.* » En effectuant des recherches pour son livre, il avait trouvé des responsables aux attaques menées contre les paysages et les bâtiments de sa terre natale : la lumière se fit dans son esprit, devait-il écrire plus tard dans un article publié en 1892, lorsqu'il découvrit « *le terrible pouvoir* » des juifs. Camus, quant à lui, a identifié un autre ennemi – mais en 2019, cela ne sonne pas très différemment.

Camus peut également être considéré comme un épigone contemporain de la longue tradition de l'esthétisme fasciste : vénération de la violence, glamourisation de la mort et, par-dessus tout, transformation du sujet humain en objet sans cesse remodelé, recréé si possible, et jeté si nécessaire. En 1909, Marinetti, fondateur du futurisme et fervent admirateur de Benito Mussolini, formula, afin de célébrer la conquête de l'Éthiopie par l'Italie fasciste, la toute première définition concrète de l'esthétisme fasciste : « *Nous voulons glorifier la guerre – seule hygiène du monde –, le militarisme, le patriotisme, le geste destructeur des anarchistes, les belles Idées qui tuent, et le mépris de la femme.* » La beauté, selon lui, naissait de spectacles grandioses, autant que de la confrontation brutale. Il voulait une chorégraphie du chaos, une toile de Brueghel devenue réalité. C'est dans ce tumulte seulement que l'être humain trouve sa plénitude, aussi destructeur que cela puisse être.

CAMUS PEUT ÉGALEMENT ÊTRE CONSIDÉRÉ COMME UN ÉPIGONE CONTEMPORAIN DE LA LONGUE TRADITION DE L'ESTHÉTISME FASCISTE.

Les rêves et les fantasmes de Camus sont du même ordre. Dans *You Will Not Replace Us !*, il décrit l'affrontement final sur lequel est entièrement fondé son projet, l'offensive ultime au cours de laquelle les « *remplacistes* » – c'est ainsi qu'il nomme les défenseurs de l'immigration et de la diversité culturelle – sont finalement attaqués par les nouveaux venus dont ils ont eu la stupidité de célébrer l'installation. Son emphase est sexuelle, et son style un peu hasardeux : « *Les remplacistes seront mangés, dévorés, avalés, écrasés par leurs remplaçant mêmes* [*sic*] », écrit-il. « *Les remplacistes remplacent des agneaux par des loups. Ils remplacent de dociles remplacés, convenablement préparés à leur propre remplacement par un excès de confort, par un trop-plein de civilisation, par un trop peu de culture et par une constante propagande, par des remplaceurs beaucoup plus agressifs, plus jeunes, plus nombreux, plus testostéronés, bien nourris par leurs remplacés, et férocement identitaires – en particulier les musulmans. Les remplacistes seront les premiers à se faire bouffer. C'est une maigre consolation.* »

Et cependant il y a une différence importante entre Camus et les grands maîtres de l'esthétique fasciste – la cinéaste Leni Riefenstahl, le romancier Louis-Ferdinand Céline, le poète Ezra Pound. Si tous étaient intolérants et partisans déclarés de régimes fascistes, ils étaient également d'authentiques génies, dont le talent ne peut être nié au prétexte de leur faillite morale – cette réalité inconfortable se heurte aujourd'hui à de nombreuses critiques. Mais Camus, en revanche, tout esthète qu'il soit, ne fait pas partie de cette catégorie d'artistes, en dépit de ses prétentions. Il lui manque et le talent formel, et la créativité. Il est davantage considéré comme un représentant du kitsch fasciste que d'une avant-garde, car en somme sa production témoigne précisément des travers mêmes auxquels il impute le déclin de la civilisation occidentale : « *Imitation, ersatz, simulacre, copies, contrefaçon, faux, forgeries, leurres, simagrées.* » Cette inclination pour le kistch se devinait déjà dans l'un de ses premiers romans, *Roman roi* (1983), portrait, en pleine guerre froide, d'une nation d'Europe centrale imaginaire, la Caronie, ravagée par le totalitarisme. Le roman est une élégie pour une monarchie qui n'a jamais existé, une glorification de palais qui n'ont jamais été construits, de rites qui n'ont jamais été pratiqués.

Au début du roman, l'un des princes de la taxinomie inventée par Camus entreprend « *de rétablir toute la splendeur médiévale* » d'un château repris aux Ottomans : « *Il fit relever toutes les tours effondrées et il en bâtit de nouvelles. Il fit replacer sur la plus haute l'image vénérée de l'Archange.* […] *Il fit dorer à la feuille tous les oriflammes et jusqu'aux gouttières.* » C'est ce qui importe à Camus : la feuille d'or, plutôt que la structure qu'elle ornemente.

Dans un ouvrage de référence écrit en 1939, le critique Clement Greenberg soutenait que le kitsch, « *ramassis de tous les faux-semblants de la vie de notre temps* », est « *destiné à une population insensible aux valeurs culturelles authentiques, mais néanmoins avide de ce divertissement que seule la culture, sous une forme ou une autre, peut offrir* ». C'est précisément ce qui fait l'attrait de Camus : il habille les préjugés ordinaires de références littéraires et savantes afin de présenter comme de l'art des sentiments bas et infondés. Mais ici, la question de l'audience est essentielle.

Qui, après tout, lit encore Renaud Camus en 2019 ? Certainement pas les critiques littéraires qui se passionnent encore pour Céline ou Pound. Camus s'adresse plutôt à des hommes

MAIS CAMUS, EN REVANCHE, TOUT ESTHÈTE QU'IL SOIT, NE FAIT PAS PARTIE DE CETTE CATÉGORIE D'ARTISTES, EN DÉPIT DE SES PRÉTENTIONS. IL LUI MANQUE ET LE TALENT FORMEL, ET LA CRÉATIVITÉ.

blancs en colère, incultes et incapables de la moindre pensée critique, qui tirent sur des mosquées et des synagogues parce que cela leur permet de se sentir supérieurs. Ses écrits leurs fournissent une sorte de justification évasive, à base de « *grand remplacement* » – ce « *ramassis de tous les faux-semblants de la vie de notre temps* ».

Prenons cet extrait du manifeste mis en ligne par Brenton Tarrant. Il y parle de ses séjours en France – dont les détails restent à confirmer. « *L'impulsion finale m'est venue de ma découverte de l'état dans lequel se trouvaient les villes françaises. Depuis des années, j'avais entendu parler de l'invasion de ce pays par des personnes de*

CAMUS S'ADRESSE PLUTÔT À DES HOMMES BLANCS EN COLÈRE, INCULTES ET INCAPABLES DE LA MOINDRE PENSÉE CRITIQUE.

couleur : je pensais que la plupart de ces histoires et de ces rumeurs étaient exagérées, inventées pour les besoins d'une propagande politique. Mais quand je suis arrivé là-bas, je me suis rendu compte qu'elles n'étaient pas seulement vraies, mais très en dessous de la réalité. » Mais où donc Tarrant a-t-il bien pu lire ces histoires ? Peut-être qu'après tout, la seule véritable prouesse de Camus aura été de prouver que le kitsch peut tuer…

1. Ce texte a été initialement publié le 17 juillet 2019 par *The Nation*, sous le titre « How gay icon Renaud Camus became the ideologue of White supremacy ».

QUAND
NEW YORK
S'EST ÉTEINT

RÉCIT

Le *black-out*
de 1977 : une fenêtre
sur l'émancipation

PAR **Mickaël CORREIA**

Oserait-on aujourd'hui imaginer, sans relier l'épisode à un symptôme du « collapse » à venir, que l'une des plus grandes métropoles mondiales soit privée d'électricité durant toute une nuit ? C'est pourtant ce qui s'est passé il n'y a pas si longtemps à New York, entre le 13 et le 14 juillet 1977. Durant vingt-cinq heures, la Grande Pomme fut le théâtre de fêtes improvisées ainsi que de pillages et d'incendies. Provoquant la panique au sein de l'élite blanche américaine, ce *black-out* fut le prétexte à la diffusion de nouvelles pratiques policières et à l'établissement d'une politique ultrasécuritaire. Mais cette panne d'électricité géante fut aussi, pour les communautés noires et latinos, une parenthèse de résistance en pleine période d'austérité économique, et donna un coup de pouce inattendu à l'explosion du hip-hop. Le temps d'une nuit, les normes sociales régissant une vaste mégapole avaient été renversées, offrant un bien inattendu espace d'émancipation.

En cette soirée du mercredi 13 juillet 1977, Andy Warhol est confortablement attablé au restaurant *Elaine*, dans le très chic Upper East Side de Manhattan. Il détache lentement son regard du styliste Calvin Klein, assis non loin de lui, pour regarder sa montre : 21 h 35. Les amis qu'il a invités à dîner sont en retard. Sûrement coincés dans les interminables bouchons de Midtown. Dehors, New York étouffe. La canicule écrase la ville. La nuit est moite : trente-sept degrés. Warhol salue d'un timide hochement de tête Al Pacino – accoudé au bar, en habitué du *Elaine*. Au moment où ce dernier lève son verre en direction de la star du pop art, les lumières du restaurant se mettent à clignoter frénétiquement. Il est 21 h 37. L'établissement plonge dans l'obscurité.

Il suffira de quelques minutes pour que le constat soit unanimement partagé par les clients du restaurant : la panne d'électricité ne concerne pas seulement le *Elaine*, mais bien l'ensemble de New York. Au nord de la métropole, le long de la Hudson River, la foudre s'est abattue sur une station électrique. Ce qui a entraîné une réaction en chaîne, menant à un *black-out* complet de la ville. Neuf millions de New-Yorkais viennent de perdre l'électricité.

LA FOUDRE S'EST ABATTUE SUR UNE STATION ÉLECTRIQUE. NEUF MILLIONS DE NEW-YORKAIS VIENNENT DE PERDRE L'ÉLECTRICITÉ.

Alors que l'on annonce la fermeture des aéroports LaGuardia et Kennedy, les tables du *Elaine* sont déplacées à l'extérieur. La panne de courant semble partie pour durer. Al Pacino et Andy Warhol trinquent à cette fête de rue improvisée. Woody Allen est aussi de la partie[1]. Les taxis illuminent de leurs phares les vitrines des *diners*. Sur les trottoirs, la nourriture réfrigérée est partagée afin de ne pas être perdue. Un air de réjouissance traverse Manhattan. Au *One Fifth*, un restaurant de Greenwich Village décoré d'accessoires de paquebot de croisière, le patron plaisante : « *Nous avons heurté un iceberg !* »

Cure d'austérité

En 1977, New York était encore sous le choc des drastiques mesures d'austérité prises suite au premier choc pétrolier de 1973. Endettée à hauteur de trois milliards de dollars en 1975, la municipalité avait engagé d'importantes réductions budgétaires conduisant à la fermeture d'hôpitaux, de commissariats et d'écoles. Des dizaines de milliers d'Africains-Américains et de New-Yorkais d'origine latino-américaine qui travaillaient pour le secteur public avaient été licenciés du jour au lendemain.

Juillet 1975 : les éboueurs de New York, inquiets d'une faillite imminente de la ville et *in fine* du paiement de leurs salaires, se mettent en grève. Deux ans seulement après l'inauguration en grande pompe de l'étincelant World Trade Center, les journaux télévisés du monde entier montrent désormais le chaos d'une métropole croulant sous des tonnes de déchets. Impuissant, le maire démocrate Abraham Beame fait appel à l'armée. En octobre, la ville se tourne vers le gouvernement fédéral afin de réclamer un plan de sauvetage économique. Mais le président des États-Unis, le conservateur Gerald Ford, répond par un non cinglant : le 30 octobre 1975, le *New York Daily News* publie en Une un gros titre devenu célèbre : « *Ford à la ville : Va crever.* »

Un mois plus tard, Ford propose une aide fédérale de deux milliards et demi, de dollars contre une cure de rigueur sans précédent. Licenciements, hausse des tarifs dans les services publics, gel des salaires et arrêt des investissements dans les infrastructures publiques sont imposés d'une main de fer. À New York, le taux de chômage des Noirs passe subitement de 10,4 % en 1974 à 14,7 % en 1975, soit deux fois celui des Blancs[2]. Entre 1970 et 1976, le nombre d'emplois chute de 16 % et sur la même période, 11 % des New-Yorkais, en majorité issus des classes moyennes, quittent la ville[3].

Au déclin économique s'ajoute l'explosion du taux de criminalité[4]. Alors que les effectifs des forces de l'ordre ont été diminués de plus d'un tiers, la ville dénombre en moyenne mille six cents homicides par an. Central Park est un véritable coupe-gorge et Times Square comptabilise une douzaine de vols avec violence par jour. Depuis le 29 juillet 1976, le *serial-killer* David Berkowitz tue au hasard des rues en signant du nom de « *fils de Sam* ». La panique se diffuse dans la ville. Trois semaines avant la panne d'électricité géante, il tire à vue sur un couple à la sortie d'une boîte de nuit du Queens.

Autoréduction générale

Le soir du *black-out*, Beame prononçait un discours de campagne dans une synagogue du Bronx. « *Voyez ce qui arrive quand on ne paie pas ses factures !* », ironisa le maire. Il comprit quelques minutes plus tard que ce n'étaient pas les fusibles de l'édifice qui avaient sauté mais bien toute sa ville qui était plongée dans le noir, quand, rentrant du Bronx, il assista abasourdi à des scènes de pillage inédites.

Durant les vingt-cinq heures que dura la panne d'électricité, le sud du Bronx, le quartier de Bedford-Stuyvesant à Brooklyn ou encore Harlem furent en effet les théâtres d'incendies et de vols massifs. Pendant que les cinq cents personnes attablées au *Windows on the World* – restaurant situé en haut du World Trade Center – terminaient leurs repas à la lueur des chandelles et regagnaient le rez-de-chaussée grâce à un ascenseur alimenté par un générateur de secours, dans les ghettos de New York, 1 616 boutiques furent saccagées et 550 policiers et pompiers blessés[5].

« À l'époque, à Spanish Harlem, j'avais onze ans et je vivais dans un immeuble au croisement de la East 111th Street et de Lexington Avenue où trop de familles avaient faim et trop de pères étaient au chômage et en colère, se remémore le romancier new-yorkais Ernesto Quiñonez. *Ainsi, lorsque les lumières se sont éteintes ce soir-là, beaucoup d'entre nous avons été prendre ce que nous voulions, et ce que nous voulions le plus était ce dont nous avions besoin[6]. »*

> **« AINSI, LORSQUE LES LUMIÈRES SE SONT ÉTEINTES CE SOIR-LÀ, BEAUCOUP D'ENTRE NOUS AVONS ÉTÉ PRENDRE CE QUE NOUS VOULIONS, ET CE QUE NOUS VOULIONS LE PLUS ÉTAIT CE DONT NOUS AVIONS BESOIN. »**

L'édition du *Time* parue le lendemain de la panne de courant titre « Black-out : Nuit de terreur[7] ». Sur une dizaine de pages, l'hebdomadaire décrit avec effroi des Noirs sortant d'une boucherie avec des sacs remplis de steaks et de rôtis, des garçons du Bronx de dix ans volant un téléviseur dans un magasin d'électroménager ou encore comment la police a arrêté un homme à Bedford-Stuyvesant avec trois cents bouchons d'évier et un autre avec une caisse de pinces à linge. Des épiceries, des pharmacies, des magasins de vêtements et même une concession automobile ont été pillés dans les quartiers les plus défavorisés de la ville.

« Les femmes se sont précipitées sur les aliments pour bébé, les conserves et la lessive, détaille Ernesto Quiñonez. *Pendant que vos yeux s'adaptaient à l'obscurité, vous pouviez voir et entendre des files de caddies que des femmes avaient attachés ensemble avec des collants, formant un train de produits alimentaires dérobés[8]. »* Débordé par cette opération d'autoréduction spontanée, le sergent de police Robert Murphy

témoigna le soir-même : « *C'est la nuit des animaux. Tu en prends quatre ou cinq, et cent prennent leur place. Nous arrivons sur une scène, et les gens qui ne pillent pas sifflent pour avertir les autres. Tout ce qu'on peut faire, c'est les chasser d'un magasin avant qu'ils courent jusqu'au prochain bloc, jusqu'au prochain commerce*[9]. »

1 037 incendies furent également comptabilisés en cette seule nuit du 13 au 14 juillet 1977. Depuis la cure d'austérité, de plus en plus de propriétaires mettaient le feu à leurs immeubles en mauvais état et dont la rénovation excédait leurs moyens, afin de toucher les primes d'assurance. Dans le Bronx, les locataires incendiaient quant à eux leur appartement dans l'espoir d'être relogés ailleurs que dans ce ghetto. Selon le journaliste de la CBS Bill Moyers, le quartier était à l'époque « *la capitale mondiale de l'incendie criminel* » : durant l'année 1976, 33 465 feux y furent recensés, soit un départ d'incendie toutes les quinze minutes[10].

Cette multiplication des incendies était aussi étroitement liée à la fermeture de nombreuses casernes de pompiers dans les quartiers les plus dégradés, ainsi qu'à la politique urbaine mise en place par l'adjoint responsable au logement de la ville, Roger Starr. « *Il s'agissait de faire des économies dans les quartiers les plus pauvres (des quartiers qualifiés de "non productifs") et de reporter l'argent économisé au profit des quartiers "productifs"*, explique l'urbaniste Aurélie Delage. *Le but était de parvenir à la dissolution de ces poches de pauvreté en décourageant leurs habitants de rester dans ces quartiers non entretenus. Le ramassage des ordures n'étant plus assuré non plus, les rues n'étaient plus qu'un amas de détritus, de gravats et de voitures brûlées*[11]. » La ville tenait régulièrement des ventes aux enchères de milliers d'immeubles abandonnés après saisies fiscales : un bâtiment vide de Bushwick ou du Bronx se vendait pour vingt-cinq dollars.

« *Des familles entières, en particulier celles qui vivaient dans des appartements sombres meublés de canapés et de lits achetés grâce à un crédit à la consommation, ont compris que c'était leur moment*, poursuit Ernesto Quiñonez. *Pour ces gens, l'idée n'était pas de voler quoi que ce soit, mais simplement de s'assurer que les répertoires de crédit des magasins avaient brûlé*[12]. » Père de deux enfants, Gino, un habitant de Bushwick âgé de dix-neuf ans, lança à un journaliste du *Time* : « *Nous sommes pauvres, et c'est notre façon de devenir riches*[13]. »

Retour à l'ordre social

Trois cents millions de dollars : tel est le coût total de la panne d'électricité estimé par les autorités. Dans le rapport officiel qui détermine les causes et les impacts du *black-out*, on peut lire au chapitre « Conséquences sociales » : « *L'interruption des activités habituelles a pu s'accompagner d'une suspension de certaines normes sociales, en particulier celles relatives à l'autorité et à la légitimité des organismes liés à l'ordre public, au respect de la loi et à la propriété privée*[14]. »

Dès que le courant fut rétabli, c'est par une répression policière de masse que l'ordre social fut réaffirmé. Au lendemain de la panne, trois mille sept cents personnes soupçonnées de pillage furent arrêtées. Mais suite aux compressions budgétaires, les prisons de New York n'étaient pas en état d'incarcérer ces milliers de suspects.

Fermée en 1974 pour cause de délabrement, The Tombs, célèbre prison du Lower Manhattan, fut temporairement rouverte. Dormant dans des cellules sans matelas, des prisonniers y furent détenus durant des jours dans l'attente d'une mise en accusation, sans pouvoir prévenir leurs familles. À Brooklyn, un homme mourut en détention dans un tribunal où s'entassaient jusqu'à dix personnes dans de petites cellules conçues pour une seule.

Alors que la campagne des élections municipales de novembre 1977 battait son plein, les conséquences du *black-out* alimentaient dans le discours public une nouvelle rhétorique sécuritaire. Le maire sortant Abraham Beame jurait de punir sévèrement tout pillard tandis que Ed Koch, candidat démocrate, durcissait son discours sur la criminalité et montait dans les sondages en se déclarant favorable au rétablissement de la peine capitale dans l'État.

La droite américaine dénigrait pour sa part les tentatives de relier les événements de la nuit du 13 au 14 juillet aux mesures drastiques d'austérité. « *Si la faim était le moteur de tout cela, comment se fait-il que des mamans bénéficiant de l'aide sociale aient été filmées dans des magasins de bijoux, de vêtements et d'alcool s'affairant comme des génisses suralimentées qui pourraient facilement faire six mois de régime ?* » éructait Pat Buchanan, figure de la droite ultraconservatrice et ex-conseiller de Nixon[15].

DÈS LE LENDEMAIN DU *BLACK-OUT*, L'ENSEMBLE DE LA PRESSE AMÉRICAINE REPRIT À SON COMPTE L'EXPRESSION DE « *NUIT DES ANIMAUX* ».

Dans le numéro de septembre 1977 du mensuel *Commentary*, la journaliste néoconservatrice Midge Decter estimait quant à elle que les libéraux avaient échoué à inculquer la norme morale des élites blanches aux Noirs et aux Latinos, avant de comparer les pillards à « *une nuée d'insectes tapis dans l'ombre et qui s'enfuient à travers la nuit* ». Alors que dès le lendemain du *black-out*, l'ensemble de la presse américaine reprenait à son compte l'expression de « *nuit des animaux* », un lecteur écrivit au *New York Times* : « *Après avoir subi toute cette violence et ces pillages pendant la panne de courant, il n'y a qu'une seule solution : la brutalité policière.* »

Ces discours racistes et sécuritaires aiguisèrent la rhétorique néolibérale de « *la loi et [de] l'ordre* » qui se répandit au début de la décennie 1980, justifiant le doublet répression policière et expansion du système carcéral comme seule façon de contenir les pauvres non-Blancs.

La méthode du *stop-and-frisk* – littéralement « *interpellation et fouille* » –, qui permettait depuis 1968 de contrôler et de fouiller tout individu « *raisonnablement soupçonné* » d'avoir commis ou d'être sur le point de commettre un crime se généralise alors au sein de la police new-yorkaise. Vanté par ses défenseurs comme la clé de voûte de la réduction de la criminalité à New York, le *stop-and-frisk* fut vivement critiqué comme un outil de discrimination raciale sous le mandat de Rudolph Giuliani, maire républicain de la ville de 1994 à 2001. Il fallut toutefois attendre 2011, année record durant laquelle près de sept cent mille jeunes hommes non-Blancs furent interpellés, et la contestation – dans la rue et devant la justice – des communautés noires et latinos, pour que le *stop-and-frisk* redevienne une pratique policière seulement occasionnelle.

Étroitement associée au *stop-and-frisk*, la mairie de New York déploie également à partir des années 1980 une doctrine alors en vogue dans la criminologie : la *broken windows theory*. Formulée en 1982 par deux criminologues d'Harvard, James Wilson et George Kelling[16], cette « théorie de la vitre brisée » assure que de petits actes d'incivilité cumulés engendrent un sentiment collectif d'impunité qui incite à la délinquance et à la criminalité.

Ed Koch, maire de New York de 1978 à 1989, se servit de cette théorie afin de lancer une grande campagne de lutte contre les graffitis. Rudolph Giuliani en fit ensuite le fer de lance de sa politique répressive basée sur la « tolérance zéro » et une omniprésence policière ciblant les non-Blancs. Victimes d'incessants contrôles au faciès, Noirs et Latinos étaient envoyés à la prison de Rikers au moindre délit, même minime. « *Le sous-prolétariat fait tache et menace. C'est lui que cible en priorité la politique de la "tolérance zéro" dont l'objectif affiché est de rétablir la "qualité de vie" des New-Yorkais qui savent, eux, se comporter en public, c'est-à-dire des classes moyennes et supérieures* » dénonce le sociologue Loïc Wacquant[17]. Dans les années 1990, New York devint même un lieu de « tourisme sécuritaire » où se pressaient les dirigeants étrangers, du président du Mexique au maire de Naples.

DANS LES ANNÉES 1990, NEW YORK DEVIENT MÊME UN LIEU DE « TOURISME SÉCURITAIRE » OÙ SE PRESSAIENT LES DIRIGEANTS ÉTRANGERS, DU PRÉSIDENT DU MEXIQUE AU MAIRE DE NAPLES.

« *L'expérience du* black-out *a permis de légitimer un conservatisme répressif à New York, une politique qui a tiré parti de la peur pour renforcer son soutien à la pratique du* stop-and-frisk *et au maintien de l'ordre basé sur la théorie de la vitre brisée, tout en insistant sur le fait que les personnes pauvres étaient les seules responsables de leur condition*, analyse l'historienne Kim Phillips-Fein. *En d'autres termes, la route menant au New York de Rudolph Giuliani a débuté avec la panne d'électricité de 1977*[18]. »

Quand l'*underclass* reprend le pouvoir

Si le *black-out* a provoqué un vent de panique chez les élites blanches new-yorkaises, c'est aussi parce qu'il mettait en lumière l'existence d'une *underclass* jusqu'alors invisible aux yeux de la presse américaine. En 1977, un tiers des familles noires des États-Unis vivaient sous le seuil de pauvreté contre seulement 8,9 % des familles blanches[19]; 55 % des pillards incarcérés suite à la panne de courant étaient au chômage et 64 % avaient déjà été arrêtés pour d'autres infractions. «*En temps de crise, la classe marginale ne se sent pas obligée de se conformer aux règles du jeu parce qu'elle trouve que les règles normales ne s'appliquent pas à elle*» avance Vernon Jordan, alors à la tête de la National Urban League[20] et figure du Mouvement des droits civiques[21]. Dans une édition intitulée «The American Underclass» du *Time* publiée en août 1977, on peut lire : «*L'*underclass *doit compter au moins sept à huit millions d'Américains, peut-être même dix millions [...] Elle est composée principalement de Noirs urbains appauvris, qui souffrent encore de discrimination et de l'héritage de l'esclavage*[22].»

Alors que selon la presse et les Blancs américains, le *black-out* se résumait à une chaotique «*nuit des animaux*» émaillée de pillages et d'incendies criminels, pour l'*underclass* des quartiers défavorisés de New York, la panne de courant fut aussi un prétexte à la fête. «*C'est vraiment magnifique. Tout le monde est dans la rue ensemble. Il y a une ambiance de fête*» rapporte Afreeka Omfree, une jeune habitante du Bronx. «*Toute la nuit, les gens ont pris cet accident comme il était venu*, témoigne Imani Kuumba, de Harlem. *Ils ont fait des barbecues dans le noir. Ils chantaient. Ils écoutaient Kiss et faisaient la bringue*[23].»

En effet, si New York était en plein déclin économique, la ville était également à cette époque le creuset d'une incroyable effervescence festive et culturelle populaire. En avril 1977, la discothèque Studio 54 ouvrait ses portes, devenant le temple du disco avant qu'il n'explose en tant qu'industrie musicale à l'échelle du pays. Depuis quatre ans, le club CGBG était le berceau du punk rock et accueillait des groupes phares comme les Ramones, Blondie ou Talking Heads. La communauté gay se retrouvait pour sa part au Loft puis au Paradise Garage, deux lieux où se forgeait la house music et le garage.

Dans le sud du Bronx, le hip-hop était en gestation depuis l'été 1973. La scène, encore embryonnaire, se cantonnait à quelques figures du quartier. Clive Campbell *alias* Kool Herc, DJ d'origine jamaïcaine, avait inventé le break en isolant la partie instrumentale *groove* d'un titre puis en la passant en boucle. Kool Herc fut à l'origine des premières *block parties* – des *sound systems* installés dans la rue et branchés illégalement aux lampadaires – au 1520 Sedgwick Avenue. Grandmaster Flash fut le pionnier du scratch et du remix avec son *crew* The Furious Five. Afrika Bambaataa fonda quant à lui son *crew* Zulu Nation en partie à partir des Black Spades, un des nombreux gangs qui sévissaient dans le Bronx. Enfin, Disco Wiz, d'origine latino-américaine et Curtis Fisher, connu sous le pseudonyme de Grandmaster Caz, formèrent le premier duo de DJ de l'histoire du hip-hop. « *En 1977, pour être DJ, il fallait posséder son propre* sound system. *On ne pouvait pas se pointer avec ses vinyles et les passer*, se remémore Grandmaster Caz. *Non, il fallait avoir ses propres haut-parleurs, des amplis, des tables de mixages, des platines et ramener tout cela au parc du coin. On avait ensuite quinze à vingt rallonges bon marché pour se brancher aux fils électriques d'un lampadaire*[24]. »

Le soir du 13 juillet 1977, Disco Wiz et Grandmaster Caz installent leur *sound sytem* au 183th Street Park. « *On s'est raccordés au lampadaire comme d'habitude, on a fait nos réglages et la fête a commencé* » raconte Disco Wiz. « *Soudain, le disque a commencé à ralentir. Toutes les lumières de la rue se sont éteintes les unes après les autres*, poursuit Grandmaster Caz. *Nous pensions que c'était notre faute, que nous avions pompé trop d'électricité et créé un court-circuit dans le quartier*[25] ! »

« *Tous les stores des commerces se sont abaissés d'un seul coup, ça criait "Entrez dans les magasins !" et tout le monde s'est mis à courir*, continue le DJ. *Avec Wiz, on a sorti nos flingues pour protéger notre matos […] et je me suis rendu au coin de la rue parce qu'il y avait un magasin d'électronique, The Sound Room. Je me suis pris un mixer Meteor Clubman Two. On manquait de matériel et j'ai juste pris ce dont j'avais besoin. Je n'essayais pas de piller tout ce que je pouvais trouver*[26]. »

Spécialiste français du rap et du hip-hop, Pierre-Jean Cléraux revient sur cet épisode : « *Ce grand* black-out *est alors une aubaine pour les aspirants DJ trop* pauvres pour pouvoir se payer l'outillage nécessaire. Les jours suivant le désastre, de nouveaux groupes avec des machines flambant neuves fleurissent dans les rues du ghetto. Si certains y ont vu un événement fondateur du hip-hop, d'autres plus mesurés sont tout de même enclins à reconnaître un léger coup de pouce du destin[27]. »

« C'était comme Noël pour les Noirs, s'enthousiasme Grandmaster Caz. Le lendemain, il y avait un millier de nouveaux DJ [28]! » Son compère Disco Wiz confirme : « Avant, il n'y avait que quatre crews de hip-hop dans toute la ville. Après le black-out, il y en avait un à tous les coins de rue, ç'a été une révolution pour les DJ, une contribution énorme à la culture hip-hop[29]. »

« AVANT, IL N'Y AVAIT QUE QUATRE CREWS DE HIP-HOP DANS TOUTE LA VILLE. APRÈS LE BLACK-OUT, IL Y EN AVAIT UN À TOUS LES COINS DE RUE. »

Dans un Bronx en proie à l'héroïne et aux gangs tels les Savage Nomads, Black Spades, The Javelins ou les Seven Immortals, le hip-hop permet à la jeunesse défavorisée de ces quartiers ravagés de transformer la violence de rue en énergie créative et positive. Certains gangs disparaissent au profit des *crews* et les conflits entre gangs se convertissent en *battles* de hip-hop. « *En 1977, le Bronx des gangs laisse place au Bronx des* crews *qui se partagent le territoire selon le rayonnement de chaque DJ et où chacun défend son pré carré*», corrobore Pierre-Jean Cléraux [30].

Traecherous Three, Crash Crew, Fearles Four ou encore Spoonie Gee surgissent des tréfonds du Bronx quelques semaines après la panne d'électricité. À peine deux ans plus tard, ce nouveau son arrive aux oreilles curieuses de Sylvia Robinson, ancienne chanteuse à succès de rythm'n blues qui fonde en 1979 Sugar Hill Records, la première maison de disques hip-hop. Cette même année, la « mère du hip-hop » produit le titre *Rapper's Delight* de The Sugarhill Gang, un tube vendu à quinze millions d'exemplaires qui fait découvrir au monde cette culture née dans le Bronx. Son label sort ensuite, en 1982, *The Message* de Grandmaster Flash, hymne politique du hip-hop qui raconte le quotidien d'un habitant du Bronx et qui influencera grandement le courant du rap engagé.

« *Dans les ghettos, nous attendions la lumière du jour et, dès qu'un premier rayon de lumière a percé, nous avons saisi l'opportunité* », poétise avec à-propos Ernesto Quiñonez[31]. À l'heure où les discours sur l'effondrement imminent de la civilisation industrielle connaissent un incroyable succès médiatique et éditorial, le *black-out* de New York déploie un tout autre imaginaire social et politique. Face à la crise écologique en cours et à ses effets, les « collapsologues » avancent avec fatalisme un scénario d'apocalypse, où seuls s'en sortiront ceux qui sauront s'adapter matériellement et spirituellement à ce nouveau monde postindustriel. Dans une rhétorique survivaliste tout aussi dépolitisante que défaitiste, Pablo Servigne exhorte ainsi au « *cheminement intérieur* » et à un retour radical – voire mystique – à la nature[32].

À L'HEURE OÙ LES DISCOURS SUR L'EFFONDREMENT IMMINENT DE LA CIVILISATION INDUSTRIELLE CONNAISSENT UN INCROYABLE SUCCÈS MÉDIATIQUE ET ÉDITORIAL, LE *BLACK-OUT* DE NEW YORK DÉPLOIE UN TOUT AUTRE IMAGINAIRE SOCIAL ET POLITIQUE.

Mais la panne d'électricité géante qu'a connue New York en 1977, déjà inscrite dans un contexte de crise économique et écologique – le premier choc pétrolier était dû au fait que la production américaine de pétrole n'était plus en capacité dès 1971 de répondre à la demande intérieure –, a mis en lumière une réalité sociale occultée par ces nouveaux prophètes de l'apocalypse. Celle de millions d'individus aux prises avec les inégalités sociales et la ségrégation raciale et souffrant de l'exclusion des biens communs les plus élémentaires tels que l'eau potable, une alimentation suffisante et saine, un air non pollué ou un logement digne.

Le grand *black-out* de 1977 nous rappelle que l'«*effondrement*» peut aussi être pour les dominés «*un premier rayon de lumière*», un moment émancipateur et créatif où les normes sociales dominantes s'effondrent pour offrir «*une rare occasion à la minorité impuissante de prendre le pouvoir*[33]». Et Quiñonez de conclure : «*Après le* black-out, *le seul avantage que j'avais sur les habitants du quartier riche de l'Upper East Side de Manhattan était que je sentais leur peur : ils savaient que les dommages que nous avions causés à nos quartiers pendant la panne de courant, nous pourrions un jour les faire chez eux.*»

1. «The Blackout : night of terror», *Time*, 25 juillet 1977. De 1963 à 2011, le *Elaine* était un restaurant fréquenté par de nombreux acteurs et écrivains célèbres.

2. «The American underclass», *Time*, 29 août 1977.

3. M. Gottlieb, «The Blackout. Looking back», *The New York Times*, 17 août 2003.

4. Augmentation de 23 % entre 1970 et 1976. Q. Convard, «La politique de la tolérance zéro à New York dans les années 1990», *Bulletin de l'Institut Pierre Renouvin*, vol. 35, n° 1, 2012, p. 19-30.

5. J. L. Corwin et W. T. Miles, «Impact assessment of the 1977 New York City blackout», Final report, SCI Project 5236-100, juillet 1978.

6. E. Quiñonez, «The diaper caper and the small-dog scam», *The New York Times*, 8 juillet 2007.

7. «The Blackout : night of terror», *loc. cit.*

8. E. Quiñonez, «The diaper caper and the small-dog scam», *loc. cit.*

9. «The Blackout : night of terror», *loc. cit.*

10. E. Gonzalez, *The Bronx*, Columbia University Press, New York, 2004.

11. A. Delage, «Le Bronx, des flammes aux fleurs. Combattre les inégalités socio-spatiales et environnementales au cœur de la ville globale ?», *Géoconfluences*, 15 janvier 2016.

12. E. Quiñonez, «The diaper caper and the small-dog scam», *loc. cit.*

13. «The Blackout : night of terror», *loc. cit.*

14. J. L. Corwin et W. T. Miles, «Impact assessment of the 1977 New York City blackout», *loc. cit.*

15. K. Phillips-Fein, «How the 1977 blackout unleashed New York City's tough-on-crime politics», *Washington Post*, 13 juillet 2017.

16. J. Q. Wilson et G. L. Kelling, «Broken windows. The police and neighborhood safety», *The Atlantic*, mars 1982.

17. L. Wacquant, *Les Prisons de la misère*, Liber-Raisons d'agir, Paris, 1999, p. 127.

18. K. Phillips-Fein, «How the 1977 blackout unleashed New York City's tough-on-crime politics», *loc. cit.*

19. «The American underclass», *loc. cit.*

20. Organisation créée en 1910 par des Africains-Américains luttant contre la discrimination raciale aux États-Unis.

21. «The American underclass», *loc. cit.*

22. *Ibid.*

23. M. Gottlieb, «The Blackout. Looking back», *loc. cit.*

24. Citation extraite de «NY77. The coolest year in Hell», documentaire de Henry Corra (83 min., 2007, VH1).

25. D. Hall, «Was the 1977 New York city Blackout a catalyst for hip-hop's growth ?», Slate, 16 octobre 2014.

26. Citation extraite de «NY77. The coolest year in Hell».

27. P.-J. Cléraux, *New York State of Mind. Une anthologie du rap new-yorkais*, Le Mot et Le Reste, Marseille, 2017.

28. J. Rosen, «A rolling shout-out to hip-hop history», *The New York Times*, 12 février 2006.

29. Citation extraite de «NY77. The coolest year in Hell».

30. P.-J. Cléraux, *New York State of Mind*, *op. cit.*

31. E. Quiñonez, «The diaper caper and the small-dog scam», *loc. cit.*

32. P. Charbonnier, «Splendeurs et misères de la collapsologie. Les impensés du survivalisme de gauche», *Revue du Crieur*, n° 13, 2019.

33. J. Latson, «Why the 1977 Blackout was one of New York's darkest hours», *Time*, 13 juillet 2005.

UBER EATS

Comment le capitalisme
dévore l'avenir

PAR **Timothy MITCHELL**
TRADUIT DE L'ANGLAIS PAR CHRISTOPHE JAQUET

Innovations technologiques, automobilité, croissance, modernité...
Ces mots sont souvent associés à l'une des plus importantes
plateformes VTC, Uber. Pourtant, cette entreprise n'a inventé
aucune technologie (ni le smartphone, ni le GPS, ni l'Internet,
ni la voiture), elle a même favorisé l'augmentation du trafic
dans les villes et les émissions de CO_2 et, surtout, entrée en
bourse en 2019, elle repose sur un principe capitaliste ancien :
la capitalisation d'un revenu à venir. En achetant des actions
au rabais, les investisseurs acquièrent ce revenu à prix réduit
et imposent ainsi une charge aux futurs chauffeurs et clients
qui devront la rembourser sur leurs propres deniers. C'est ce
principe, que certains économistes appellent « *croissance* »,
dont Uber nous montre exemplairement qu'elle n'est qu'un alibi
autorisant les capitalistes à préempter notre futur. Derrière les
milliards de dollars de profits de l'entreprise se cachent en effet
un appauvrissement du futur et du lien qui nous y rattache.

Nous vivons à une époque où des richesses extraordinaires semblent provenir de sources mystérieuses et insondables. Quand l'entreprise étasunienne Uber est entrée en bourse en 2019, le marché arrêta sa valeur à quatre-vingt-deux milliards de dollars, un chiffre énorme pour une société de service de voiturage âgée de seulement dix ans qui ne possédait pas de voiture et n'avait jamais fait de profit. Afin d'expliquer ce genre d'événement, les médias d'information aiment emprunter à la météorologie et qualifient souvent les gains des investisseurs de « *stratosphériques* ». Comment expliquer autrement que les cinq millions de dollars investis par Goldman Sachs dans Uber en 2011, par exemple, valaient désormais plus d'un demi-milliard de dollars, soit un retour sur investissement de plus de 1 000 % en seulement huit ans ? Quelques commentateurs un peu plus critiques se risquèrent à dire que la valeur de l'entreprise était « *tombée du ciel*[1] ».

Mais la source de pareille manne ne doit rien au ciel. Et pour comprendre cette manière de faire de l'argent, il faut redescendre sur Terre. Car si Uber est un cas extrême, son mode d'acquisition de richesses est tout à fait banal. La firme a créé sa valeur en ayant recours à un moyen pratique de consommer le futur.

Les méthodes permettant d'extraire un revenu du futur ne datent pas d'hier. Celle utilisée par Uber, la société par actions, existe sous sa forme actuelle depuis un siècle et demi. Nous utilisons des mots du langage courant afin de parler de notre lien économique avec le futur : prix de l'action, taux d'intérêt, technologie et croissance économique. Aucun ne permet pourtant d'expliquer comment la facture sera payée plus tard par des individus. En réalité, le langage de la finance nous interdit même d'envisager cette relation pour ce qu'elle est : il veut nous faire croire que ces existences futures ne sont pas la source des gains actuels mais leurs bénéficiaires.

Aujourd'hui, face à la question climatique, il nous faut comprendre comment est fabriquée cette cécité. L'urgence climatique exige que nous agissions en ayant à l'esprit les conditions futures. Mais les gouvernements semblent bien incapables de prendre en compte le long terme et leurs actions paraissent souvent impuissantes face aux forces du capital mondial. Et même s'il était possible de dépasser ces difficultés, les conséquences semblent d'ores et déjà insurmontables. Le capitalisme, quel qu'en soit le coût, prétend nous avoir apporté la croissance. Dès lors, comment pourrions-nous survivre dans une temporalité différente, où le futur ne serait pas défini par un principe d'expansion économique ?

Depuis que nous avons organisé la vie collective autour du principe de croissance économique, des efforts ont été faits afin d'en montrer les limites : cette croissance est insoutenable et mal mesurée, ses coûts sociaux et écologiques sont trop élevés, etc. Ces critiques sont bien sûr importantes, mais nous pouvons considérer autrement notre relation avec le futur : la croissance n'est pas la logique de la modernité capitaliste mais son alibi.

Par le passé, nous parlions de modernité en termes d'expansion physique. Les historiens définissaient le capitalisme comme un processus né en Europe, d'où il s'était peu à peu étendu jusqu'à englober le monde entier. Nous savons aujourd'hui qu'il s'agit là d'une description partielle et partiale de changements qui n'ont jamais été limités à une zone

LA CROISSANCE N'EST PAS LA LOGIQUE DE LA MODERNITÉ CAPITALISTE MAIS SON ALIBI.

géographique. Les mutations du commerce et du crédit, l'exploitation du sol et de la main-d'œuvre, la destruction des populations et des cultures se sont toujours produites à un niveau transnational. Considérer cela comme l'« expansion » spatiale de l'Occident permettait d'en expliquer certains aspects, mais était le produit de méthodes de mesure et d'analyse du changement qui obscurcissaient le phénomène autant qu'elles le constataient.

Y aurait-il un moyen similaire permettant de réviser notre compréhension du temps ? Non pas seulement pour faire la critique des conceptions de l'histoire-comme-croissance comme nous le faisons avec la géographie-comme-expansion, mais afin de développer le même type de perspective postcoloniale ? Il s'agirait d'intégrer non seulement le point de vue des humains dont les terres et les moyens de subsistance ont été colonisés, mais aussi celui de ceux qui ont été dépouillés de leur futur ? Il nous faut à cette fin comprendre les mécanismes d'extraction du futur à l'œuvre derrière l'alibi de la croissance.

La valeur avant tout

Quand une société entre en bourse, les actions proposées à la vente représentent une part de la propriété de ses profits futurs. Comme ces profits ne sont pas disponibles immédiatement, chaque année, la valeur du revenu est actualisée afin de tenir compte du temps appelé à s'écouler jusqu'à ce qu'il se soit accumulé. La « *valeur actualisée* » des profits futurs, selon l'expression consacrée, produit la valorisation de l'entreprise.

S'agissant d'Uber, l'entreprise ne faisait pas encore de profit au moment de son entrée en bourse. Le prix des trajets en voiture avait été fixé en dessous de leur prix réel dans le but d'évincer les concurrents. Ces opérations subventionnées perdaient chaque année plusieurs milliards de dollars. Afin de valoriser la firme, les analystes financiers partirent du principe qu'Uber continuerait de se développer jusqu'à ce qu'elle arrive à « *dominer le marché* ». En éliminant les concurrents, Uber et Lyft, sa rivale aux États-Unis, pourraient continuer à prélever une part de chaque trajet facturé par leurs chauffeurs, en moyenne 20 %, tout en se servant de leur duopole de plus en plus puissant afin de limiter la part versée aux chauffeurs et d'augmenter le coût pour les passagers. Ces hypothèses promettaient qu'Uber arrêterait de perdre de l'argent six ans après son entrée en bourse et engrangerait dix ans plus tard des profits annuels de presque cinq milliards de dollars[2].

La société par actions n'offre pas seulement une promesse de profits futurs. C'est aussi un mécanisme qui permet d'acquérir dans le présent ce revenu promis. En proposant des actions sur le marché, les investisseurs qui possèdent la société vendent une forme de propriété, la propriété aujourd'hui d'un revenu pris dans le futur. Ce processus est appelé « *capitalisation* » d'un revenu futur. La manne récoltée au moment de la vente ne tombe pas du ciel, mais vient de la robustesse politique de la capitalisation – une méthode de monétisation et de marchandisation de créances privées sur le futur[3].

LA SOCIÉTÉ PAR ACTIONS EST UNE MACHINE À COLONISER LE TEMPS. ELLE FOURNIT UN MOYEN D'ENRICHIR UN GROUPE D'ENTREPRENEURS ET DE FINANCIERS DANS LE PRÉSENT EN IMPOSANT UNE CHARGE SUPPLÉMENTAIRE À DES DIZAINES DE MILLIONS D'UTILISATEURS DANS LE FUTUR.

Cette manne représente la valeur d'une charge imposée aux futurs employés et clients de l'entreprise. Les profits de cette dernière, et donc les dividendes de ses actionnaires, reposent sur le maintien dans la durée de cette charge. La valeur de l'action et le dividende qui en dépend prennent la priorité sur toute autre demande des employés (de meilleurs salaires) ou des clients (des prix plus bas), grâce à la force croissante de la firme par rapport à celle des employés et des clients : c'est cette force qu'exprime la formule politique de « *domination du marché* ». Cette charge n'est pas un coût nécessaire au fonctionnement de l'activité, mais plutôt une surcharge – c'est ce que l'on appelle la rente – que la position dominante de l'entreprise permet d'imposer. La valorisation boursière de quatre-vingt-deux milliards de dollars d'Uber représentait la valeur présente de ce rapport de forces. Et ce sont ses chauffeurs et ses passagers qui devraient la rembourser, au fil du temps, de leurs poches.

La société par actions est une machine à coloniser le temps. Elle fournit un moyen d'enrichir un groupe d'entrepreneurs et de financiers dans le présent en imposant une charge supplémentaire à des dizaines de millions d'utilisateurs dans le futur. La manne récoltée aujourd'hui par les gens qui mettent en place les mécanismes de contrôle et les lignes de crédit à partir desquels se construira cette machine sera financée par les revenus d'individus dans cinq, dix ou vingt ans – voire aussi loin dans le futur que le mécanisme de captation pourra être étendu.

Il n'y rien d'unique dans le cas d'Uber. La méthode utilisée par les entreprises afin de capter des revenus est apparue au cours des cent cinquante dernières années, à mesure que la société par actions est devenue, comme le disait Thorstein Veblen en 1923, « *l'institution maîtresse de la vie civilisée* [4] ». En plus d'enrichir ses créateurs, l'entreprise capitaliste est une source de gains pour les investisseurs individuels et les fonds d'investissement qui achètent ses actions. Dix ans après le propos de Veblen, une deuxième « *institution maîtresse* » est apparue dans le but de capter un revenu futur, la société de crédit immobilier, avec son marché de l'immobilier. Peu utilisé aux États-Unis jusqu'à l'apparition des garanties fédérales au milieu des années 1930, le prêt immobilier a fait du logement un autre mode de capitalisation. Les spéculateurs-constructeurs pouvaient désormais vendre des logements, non pas au coût de leur construction, mais à la valeur capitalisée de l'occupation d'un logement sur trente ans.

Les secteurs de l'immobilier et du crédit immobilier ont ensuite atteint une dimension économique leur permettant de rivaliser avec la société par actions comme mécanismes d'endettement du futur et de captation dans le présent d'un revenu à venir. Ces vingt ou trente dernières années, le crédit automobile, la carte de crédit, les frais de scolarité, notamment d'université, et de nombreux autres instruments sont apparus de manière à transformer la vie des humains en échéancier de remboursement[5].

Orienter les profits

Ce qui est étonnant dans notre relation au futur, c'est que nous avons perdu la capacité de voir à quel point nous l'avons appauvrie. Il y a un siècle, un économiste comme Veblen comprenait assez bien comment fonctionnait cette « *méthode de sabotage* », ainsi qu'il l'appelait. Les économistes d'aujourd'hui tiennent un tout autre langage. Ils transposent la méthode consistant à vivre aux dépens des individus qui devront rembourser la dette dans ce que l'on appelle la « *croissance* ».

S'agissant de l'entreprise capitaliste, deux choses sont nécessaires afin de changer l'appauvrissement en croissance. La première est d'attribuer la valeur croissante de l'entreprise non pas à l'exploitation du futur mais au progrès de la technologie. La seconde est de considérer la manne gagnée dans le présent et les charges – au moyen desquelles cette manne sera remboursée dans le futur – comme des contributions équivalentes à un bien plus grand : la croissance de ce que nous appelons « *l'économie* ».

Il faut donc d'abord attribuer le gain à la technologie. La valorisation élevée des entreprises qui réussissent n'est-elle pas due à l'innovation qui les rend plus efficientes ? Les employés et les clients futurs d'une entreprise ne seront-ils pas les bénéficiaires de cette efficacité supplémentaire et des économies de coût réalisées ?

Revenons au cas Uber. Son succès, explique Hubert Horan, ne peut être attribué à aucun progrès technologique[6]. Son appli pour smartphone a peut-être rendu plus efficace au départ la mise en relation des chauffeurs et des passagers, mais Uber n'a inventé ni le smartphone, ni l'Internet, ni le GPS, ni le paiement électronique ni aucune autre technologie utilisée par les entreprises de voiturage. L'utilisation coordonnée de ces systèmes s'est diffusée dans tous les domaines de la vie urbaine, de la commande d'une pizza à un trajet en bus. Leur usage dans le transport privé a été adopté très vite par la plupart des entreprises de voiturage.

L'expansion d'Uber reposait largement sur une stratégie de prix prédatrice destinée à chasser du marché les sociétés de taxis. Les capital-risqueurs qui investirent dans Uber dotèrent l'entreprise d'un fonds de treize milliards de dollars, lequel servit à fixer le prix du trajet très en dessous de son prix de revient. Chaque dollar gagné sur le transport d'un passager coûtait à Uber un dollar cinquante. La perte fut réduite par la suite, mais seulement en augmentant la part prélevée par Uber sur chaque trajet et en forçant les chauffeurs à accepter une baisse de revenu. Dans certains cas, la part captée par Uber pouvait s'élever à 50 %, voire plus[7].

Il s'agit là moins d'une nouvelle technologie que du « *choc du vieux monde*[8] ». Comme souvent, le cœur du nouveau business n'a absolument rien d'original : il s'agit d'un appareil centenaire appelé « voiture ». Aucune autre machine n'a eu plus d'importance dans la construction de mondes non soutenables au XXe siècle. La voiture a fait de la production de pétrole l'une des plus grosses industries mondiales, contribuant plus que toute autre à la croissance des émissions de carbone. La voiture a eu un effet parallèle sur la manière dont les gens vivent : elle représente jusqu'à 50 % de l'occupation des sols dans les villes et a permis la création de banlieues, avec leurs modes de logement, d'utilisation des terres et de transport individuel très consommateurs en énergie. Et la propriété des voitures, de loin le bien le plus coûteux des ménages, a donné naissance aux premières et plus importantes formes de crédit à la consommation. L'industrie automobile a joué un rôle pionnier dans la généralisation de l'endettement personnel, qui a fait de la vie quotidienne un système destiné à financer le paiement aux banques des frais et intérêts futurs.

Au lieu de développer une technologie nouvelle, ces sociétés de transport ont simplement trouvé un moyen différent de gagner de l'argent à partir de l'usage de véhicules privés, rejoignant les rangs des compagnies pétrolières, des promoteurs immobiliers et de l'industrie financière. Une poignée de sociétés mondiales de services de voiturage pouvaient désormais promettre un futur dans lequel elles extrairaient une rente monopolistique de chaque trajet effectué en voiture.

Ce à quoi les économistes voudraient que ressemble l'économie

Pendant des dizaines d'années, les économistes ont attribué l'extraction de rentes futures à de supposés progrès de la technologie. Dans le cas d'Uber, la firme recruta des économistes-maison qui présentèrent ce processus d'extraction de rente comme un bénéfice pour le client. Son monopole lui permit d'obtenir des données qui étayèrent ces dires. En fixant le prix du trajet et le salaire des chauffeurs, Uber avait la maîtrise exclusive des informations recueillies à chaque trajet réalisé. Elle put ainsi ajuster les charges au moyen d'un algorithme, qui calculait jusqu'où la rémunération pouvait être baissée ou le prix d'un trajet augmenté, afin de maximiser à tout moment la part prélevée par l'entreprise. Connu sous le nom de « *tarification dynamique* » (*surge pricing*), ce moyen d'échapper à la réglementation en matière de tarif et de salaire minimum fut promu comme la source technologique de création de valeur. Les données propriétaires issues de millions de trajets facturés furent utilisées afin de construire l'argumentaire.

Les économistes d'Uber publièrent un article dans une revue universitaire dans le but d'estimer la valeur ainsi dégagée. Chaque dollar payé pour un trajet Uber, affirmaient-ils, rapportait un dollar soixante de valeur, produisant ce qu'ils appelaient avec imagination un « surplus du consommateur » de six milliards huit cents millions de dollars par an. Le chiffre correspondait à la différence entre le trajet effectivement facturé par Uber et le prix maximum que les passagers auraient été prêts à payer, estimé sur la base de leurs réactions à la tarification dynamique[9]. Autrement dit, l'incapacité d'Uber à exploiter pleinement son algorithme de tarification dynamique et à soutirer le prix le plus élevé possible à tout instant bénéficiait aux personnes qui dépendaient de son service de voiturage. La presse économique présenta et promut ces résultats comme s'ils apportaient la preuve des formes nouvelles de valeur créées par la technologie d'Uber. Un éminent économiste de l'université de Chicago, coauteur de l'article sur Uber, présenta la firme comme « *l'incarnation même de ce à quoi les économistes aimeraient que l'économie ressemble*[10] ». Nombreux sont les économistes qui s'efforcent de rendre l'économie fidèle à leurs idées, y compris l'idée qu'une méthode de facturation plus efficace et plus coercitive puisse effectivement créer de la valeur.

Ce qui apparaît comme une avancée technologique peut, en revanche, être une source de coût et d'inefficacité supplémentaire[11]. Uber et Lyft se distinguent des sociétés de voiturage locales sur un point important : elles ne possèdent pas de véhicules. Exigeant des chauffeurs qu'ils utilisent leurs propres voitures l'achat et l'entretien de celles-ci sont plus coûteux pour les propriétaires, qui ne peuvent

bénéficier des tarifs de flottes d'entreprise en matière d'achat et d'assurance. Uber et Lyft fixent le niveau de rémunération et les conditions de travail des chauffeurs mais refusent de les considérer comme des employés bénéficiant des droits à un salaire minimum et aux indemnités de chômage. Ainsi, le fait de ne pas posséder de voitures permet aux deux nouvelles entreprises d'échapper aux législations existantes en matière de service de taxi. Les réglementations municipales, si imparfaites aient-elles été, permettaient de sélectionner les chauffeurs (*via* un examen et l'obtention d'une autorisation) et d'adopter des règles garantissant certains biens publics, comme l'obligation d'accepter les clients se rendant dans un quartier pauvre ou d'aménager le véhicule afin d'accueillir des passagers handicapés ; par ailleurs, le prix du trajet devait donner aux chauffeurs l'assurance de gagner un niveau de salaire minimum[12].

L'OBJECTIF À LONG TERME D'UBER ÉTAIT D'ÉLIMINER NON SEULEMENT LES SOCIÉTÉS PRIVÉES DE VOITURAGE MAIS AUSSI LES TRANSPORTS PUBLICS.

Ce contournement du pouvoir municipal entraîna pour Uber des coûts importants qui dépassaient l'avantage de n'importe quelle amélioration technique. Cependant, l'objectif à long terme de l'entreprise était d'éliminer non seulement les sociétés privées de voiturage mais aussi les transports publics. Ses trajets subventionnés enlevèrent des passagers aux transports en commun, privant de revenu les services publics. Une étude montre que 60 % des utilisateurs de services de voiturage dans les villes grandes et denses « *auraient pris les transports en commun, marché, utilisé le vélo ou [n'auraient] pas fait le trajet* » si les nouvelles sociétés de service de voiturage n'avaient pas existé, augmentant ainsi de 160 % l'usage de la voiture en ville. Afin de bâtir leur monopole, les deux nouvelles firmes mirent en avant la disponibilité immédiate des véhicules, ce qui exigeait qu'un nombre excédentaire de chauffeurs parcourent les rues en attendant des commandes, encombrant les chaussées de voitures au détriment des piétons et des cyclistes et accroissant la pollution de l'air. L'étude résumait ainsi l'impact de cette « *nouvelle automobilité* » : « *Plus de trafic, moins de transports en commun, moins d'équité et moins de soutenabilité environnementale*[13]. »

Les profits futurs des deux nouvelles firmes n'allaient pas venir d'une efficacité technique accrue ou d'une amélioration du bien-être collectif, mais des possibilités qui leur furent offertes de bâtir un pouvoir monopolistique et de campagnes politiques destinées à le protéger. Uber projeta ensuite d'étendre son monopole dans le but d'en faire un service de transport général et lança un service de livraison de nourriture : Uber Eats. Mais cette expansion n'apporta pas d'innovations techniques ni de moyens de transformer une firme qui perdait de l'argent en machine à profits futurs. Elle servit uniquement à élargir son pouvoir monopolistique afin de prélever une rente sur les futurs clients et chauffeurs. Ce qu'Uber dévore, c'est le futur.

La croissance

Venons-en maintenant à l'autre facteur nécessaire si l'on veut transformer l'appauvrissement de notre relation au futur en « *croissance* ». La captation dans le présent de revenus futurs est une anticipation de profits à venir. En se développant, l'entreprise crée de la « *croissance économique* ». Ainsi, les revenus viendront d'un futur sûrement plus prospère. Dans cette perspective, la manne présente est une récompense envers les entrepreneurs qui fabriquent de la croissance et créent davantage de prospérité pour tout le monde.

En réalité, comme le progrès technique, la croissance économique est un alibi qui traduit une méconnaissance de notre rapport au futur. Cet alibi comporte deux aspects distincts : la croissance de l'entreprise capitaliste individuelle et celle de la société humaine dans son ensemble. Nous avons appris à considérer la seconde à partir de la première, à mesurer la collectivité humaine comme un ensemble d'entreprises capitalistes. Et le nom que nous donnons à cette entreprise collective est « *l'économie* ».

Commençons par le premier aspect de l'alibi de la croissance. Les entrepreneurs fondateurs vendent des actions à d'autres investisseurs qui acquièrent la propriété du revenu futur de l'entreprise. Il est peu probable que ceux-ci bénéficient de la manne gagnée par les premiers et ils risquent de perdre de l'argent si la bourse décide que les estimations de revenus futurs affichées par les fondateurs étaient excessives.

Mais afin qu'ils aient envie d'acheter, on leur propose les rentes futures à prix réduit.

Le rabais est calculé en estimant ce que les acheteurs d'actions pourraient avoir gagné s'ils avaient acheté des actions d'autres sociétés. Par convention, la valeur de ce revenu « sacrifié » est supposée égale au montant que factureraient les banques pour accorder un prêt à une entreprise : c'est le taux d'intérêt. Le concept d'intérêt est un moyen moderne de décrire la valeur temps de l'argent, valeur que nous estimons désormais être une propriété naturelle de l'argent. Il serait plus juste de le définir comme le produit de dispositifs ou d'agencements. Par exemple, une société par actions qui reporte de façon fiable le revenu dans le futur. Sans ces mécanismes fiables de report dans le temps, il n'y aurait pas de valeur temps de l'argent. En réalité, il n'y aurait même pas d'argent.

Afin d'illustrer brièvement comment cela fonctionne, supposons que le taux du rabais (ou d'intérêt) soit estimé à 10 %. Comme l'action rapportera un revenu dans le futur, le coût d'achat du revenu reporté est réduit de 10 % par an. Si bien que l'investisseur achète quatre-vingt-dix cents un dollar du montant disponible d'ici un an environ, quatre-vingt-trois cents un dollar disponible d'ici deux ans et ainsi de suite jusqu'à la dixième année, où chaque dollar sera acheté au prix très réduit de trente-neuf cents. Autrement dit, l'investisseur achète chaque dollar de revenu futur à un prix qui passe de quatre-vingt-dix cents à moins de quarante.

Cette méthode de dévaluation et d'achat d'un revenu futur est généralement décrite à l'envers. L'investisseur ordinaire ne la comprend pas comme un achat d'argent à prix réduit, mais comme un « investissement » dans le présent dont la valeur « croît » avec le temps. Le terme « *croissance* » suggère une sorte d'expansion matérielle. Mais afin qu'une pareille croissance se produise, il n'est pas exigé que quelque chose croisse en taille ou en complexité. Il faut même, au contraire, que quelque chose *diminue* : le revenu futur est acquis pour une fraction de sa valeur. Cette diminution est obtenue en organisant une capacité de report dans le temps. L'argent ne possède pas naturellement la faculté d'acheter un revenu futur à un prix réduit. Cette faculté vient du fait que le temps peut être contrôlé – par la construction d'un appareil conçu de manière à capter et coloniser le futur de façon fiable. Le monde dans lequel nous vivons est de plus en plus régi par ce type de dispositifs ou d'agencements. Nous diminuons la valeur du futur en développant des mécanismes permettant de l'acquérir pas cher dans le présent et nous nommons « *croissance* » le chemin qui conduit à ce futur.

Le second aspect de l'alibi de la croissance est que cette croissance n'est pas considérée seulement comme une caractéristique de l'entreprise capitaliste, mais comme la trajectoire collective de la société tout entière. Afin de pouvoir contrôler le temps, un cadre a été construit qui aide à stabiliser la temporalité quelquefois précaire de l'entreprise capitaliste. Inventé seulement au milieu du XXe siècle, ce cadre ou cette armature est appelé « *l'économie* ».

NOUS VIVONS DANS UN MONDE ORGANISÉ DE FAÇON À ENDETTER LE FUTUR.

Nous concevons habituellement l'économie en termes spatiaux, comme la somme de toutes les transactions monétaires sur un territoire géographique donnée. Mais l'économie est aussi une sorte de machine temporelle, un moyen d'organiser notre relation au futur. Comme la valeur d'une firme capitaliste, sa nature est de croître, en apparence, de se développer année après année. Cette croissance dissimule le fait que de plus en plus de revenus futurs sont acquis à prix réduit. Leur remboursement à venir, au prix fort, transforme en mode de consommation du futur ce qui apparaît comme une augmentation de taille ou de volume.

Quand des ménages achètent et consomment des biens matériels, ces achats et cette consommation sont mesurés comme un élément de l'économie. Mais quand ils paient les charges imposées par les entreprises monopolistiques – le paiement des intérêts facturés par les banques et les sociétés de crédit immobilier, les dettes contractées afin de payer les frais d'éducation et les soins de santé et tous les autres frais liés à l'utilisation de services de plus en plus privatisés et monopolistiques –, tous ces paiements sont intégrés à la mesure de la croissance. En fait, aux États-Unis comme dans bien d'autres pays, une part significative de la prétendue croissance est constituée aujourd'hui de rentes, de frais et de surcharges de ce genre, qui n'ont plus aucun rapport avec ce que coûte la production de biens ou la fourniture de services[14]. Nous vivons dans un monde organisé de façon à endetter le futur :

le revenu est acheté à prix réduit par le créancier et remboursé plus tard au prix fort par le débiteur. La différence entre le rabais initial et le remboursement futur est mesurée comme une croissance de l'économie et considérée à tort comme une amélioration du bien-être collectif.

De nombreuses analyses portant sur les dangers liés au changement climatique en attribuent la responsabilité à la croissance. Elles soulignent, à raison, l'insuffisance des efforts fournis afin de réduire la consommation d'énergies fossiles et d'arrêter la destruction de la biosphère. Mais nous attribuons souvent ces échecs à un rapport général au futur que nous considérons, à tort, comme la logique même de notre histoire.

La croissance nous apparaît comme le déploiement d'une trajectoire humaine dans le temps, conduite par les forces de la modernisation. Nous utilisons des mots comme « capitalisme » et « mondialisation » afin de nommer les forces qui nous propulsent en avant. Ces mots font de l'idée de croissance quelque chose de naturel et d'inévitable. Et ils nous empêchent de voir au-delà : ainsi, afin d'échapper au problème de la croissance, il nous semble qu'il faudrait renverser le mouvement même de l'histoire.

On ne peut pas nier que certains processus se soient déployés à un rythme accéléré, telle l'extraction du charbon et du pétrole. Mais nous savons aussi que d'autres choses décroissent, comme la superficie des forêts tropicales ou le temps de loisir de la grande majorité des gens. Peut-être est-il temps de faire un usage plus limité du mot « croissance », afin de ne plus en faire le dénominateur commun de notre relation au futur.

Procédant ainsi, nous découvririons que l'usage le plus répandu de l'idée de croissance dans les politiques contemporaines, issu de la finance et de la théorie économique, ne traduit nullement le mouvement collectif de la société mais seulement les obscures conventions de la comptabilité commerciale. Ces conventions décrivent une manière de vivre dans le présent aux dépens du futur. Elles nous empêchent de voir que notre futur en est diminué.

1. <www.bloomberg.com/news/articles/2019-05-06/goldman-s-12-000-consolation-after-morgan-stanley-wins-uber-ipo > ; H. Horan, « Can Uber ever deliver ? Part 20 : Will the "Train Wreck" Uber/Lyft IPOs finally change the public narrative about ridesharing ? », <www.nakedcapitalism.com/2019/05/hubert-horan-will-the-train-wreck-uber-lyft-ipos-finally-change-the-public-narrative-about-ridesharing.html>.

2. La discussion sur la valorisation d'Uber utilise les chiffres donnés par A. Domadaran dans « Uber's coming out party : personal mobility pioneer or car service on steroids ? », <http://aswathdamodaran.blogspot.com/2019/04/ubers-coming-out-party-personal.html>, et « Lyft off ? The first ride sharing IPO ! », <http://aswathdamodaran.blogspot.com/2019/03/lyft-off-first-ride-sharing-ipo.html>, qui montrent que les profits de l'entreprise reposent sur sa « domination du marché ».

3. Sur la capitalisation, voir T. Veblen, *The Theory of the Business Enterprise*, New York, Charles Scribner's Sons, 1904 ; J. Nitzan et S. Bichler, *Capital as Power*, New York, Routledge, 2009 ; G. Heinsohn et O. Steiger, *Ownership Economics*, New York, Routledge, 2012 ; F. Muniesa *et al.*, *Capitalization. A Cultural Guide*, Paris, Presses des Mines, 2017 ; S. Naidu, « A political economy take on W/Y », *in* H. Boushey, J. Bradford DeLong et M. Steinbaum (dir.) *After Piketty. The Agenda for Economics and Inequality*, Cambridge, Harvard University Press, 2017, p. 99-124.

4. T. Veblen, *Absentee Ownership and Business Enterprise in Recent Times*, New York, B. W. Heubsch, 1923, p. 86.

5. M. Hudson, « The transition from industrial capitalism to a financialized bubble », *World Review of Political Economy*, vol. 1, n° 1 (printemps 2010), p. 81-111 ; M. Lazzarato, *La Fabrique de l'homme endetté*, Paris, Éditions Amsterdam, 2011. Sur l'histoire plus longue, voir D. Graeber, *Dette : 5 000 ans d'histoire*, Paris, Les Liens qui Libèrent, 2013.

6. H. Horan, « Will the growth of Uber increase economic welfare ? », *Transportation Law Journal*, 44, 2017, p. 33-105.

7. H. Horan, « Uber's path of destruction », *American Affairs*, 3, n° 2, 2019, p. 108-133.

8. D. Edgerton, *The Shock of the Old*, Oxford, Oxford University Press, 2006.

9. P. Cohen, R. Hahn, J. Hall, S. Levitt et R. Metcalfe, « Using big data to estimate consumer surplus : the case of Uber », NBER Working Paper n° 2627, septembre 2016 (<www.nber.org/papers/w22627>).

10. <http://freakonomics.com/podcast/uber-economists-dream/>.

11. H. Horan, « Will the growth of Uber increase economic welfare ? », *loc. cit.*

12. La réglementation municipale était loin d'être parfaite, mais permettait des modes de protestation locale, d'organisation politique et de réforme qui ne seront sans doute plus possible avec une entreprise multinationale jouissant d'un quasi-monopole. Londres, New York et la Californie ont tenté de soumettre Uber au droit du travail.

13. « The new automobility », <www.schallerconsult.com/rideservices/automobility.htm.>

14. Cela comprendrait une large part du revenu cumulé des secteurs de la finance, de l'assurance et de l'immobilier, mais aussi des technologies de l'information, de la pharmacie, du divertissement, de la fourniture d'eau, de gaz, d'électricité. Les comptes du revenu national sont construits d'une manière qui ne permet pas de distinguer les rentes monopolistiques des paiements liés aux coûts de production. Voir M. Hudson et D. Bezemer, « Incorporating the *rentier* sectors into a financial model », *World Economic Review*, vol. 1, 2012, p. 1-12.

LA GRANDE FÊTE DU SEX-TOY

Réflexions sur le mythe de la révolution sexuelle

PAR **Heini-Sofia ALAVUO**
TRADUIT DE L'ANGLAIS PAR VALENTINE DERVAUX[1]

La plupart d'entre nous sommes attaché·e·s à l'idée selon laquelle la société progresse constamment et s'attelle à combattre les problèmes qui nous préoccupent depuis le commencement de l'humanité. L'idée de « révolution sexuelle » correspond parfaitement à ce récit – grâce à la libération sexuelle, qui aurait mis fin à l'oppression d'antan, nous serions désormais entré·e·s dans une ère caractérisée par l'ouverture d'esprit et la tolérance. Ainsi la masturbation féminine aurait-elle été déstigmatisée. C'est en tout cas ce dont semble témoigner l'immense variété des sex-toys et autres objets érotiques, de même que la considérable croissance du marché de ces jouets sexuels, qui cible principalement les femmes : en 2017, ce secteur représentait quinze milliards de dollars. Pour autant, est-ce bien de « révolution » dont il s'agit ? Le marché des sex-toys s'efforce-t-il réellement de donner du pouvoir aux femmes ou est-ce une illusion ? Explorons cette industrie, comme porte d'entrée sur la sexualité des femmes.

Des mythes persistants

Tout le monde a probablement entendu parler de l'invention du vibromasseur par des médecins victoriens qui cherchaient à soigner leurs patientes « hystériques ». Pourtant, cette histoire n'est qu'un mythe, qui trouve son origine dans l'ouvrage de Rachel Maines *Technologies de l'orgasme* [2]. En août 2018, Hallie Lieberman et Eric Schatzberg ont révélé dans un article[3] que le livre de Maines n'avait pas de fondement scientifique et qu'il ne s'appuyait sur aucune source ni preuve fiable.

Les deux historien·ne·s ont ainsi montré que «*le massage des parties génitales des femmes n'avait jamais constitué un traitement médical habituel de l'hystérie*». Dans un article paru dans *The Atlantic*, Lieberman a analysé les raisons pour lesquelles ce mythe du vibromasseur s'était si largement répandu et pourquoi il avait échappé aux procédures académiques de vérification des données. Selon elle, cela s'explique par le fait que ce mythe s'intégrait parfaitement au récit du progrès perpétuel enraciné dans notre société, mais aussi parce qu'il «*correspondait à l'idée commune selon laquelle la sexualité des femmes était incomprise* [4]».

Ce qui m'amène à me demander : aujourd'hui, comprenons-nous vraiment ou, plutôt, acceptons-nous vraiment la sexualité des femmes ?

Peut-on imaginer une vie sans bite ?

Tout au long de l'histoire, les jouets sexuels ont été très phalliques, imitant la forme du pénis dans toutes les tailles, couleurs et matériaux possibles. Même Freud n'aurait pu imaginer pareille fête du phallus.

> MÊME FREUD N'AURAIT PU IMAGINER PAREILLE FÊTE DU PHALLUS.

L'un des premiers sex-toys découvert est un gode en siltite datant de 26 000 ans avant notre ère. Depuis que nous, humains, sommes capables de fabriquer des outils, nous avons trouvé des moyens d'épanouir davantage notre sexualité. Mais le marché des godemichés n'a connu un véritable boom qu'au cours des décennies 1960-1970, avec la production en série de jouets de différentes couleurs, formes et textures. Et au milieu des années 1970, on a vu apparaître pour la première fois des godes dont la forme et la couleur n'étaient pas réalistes [5].

Alors que ces godes furent, dans un premier temps, conçus afin d'être utilisés dans le cadre conjugal, la forme phallique a persisté même lorsque l'industrie des jouets sexuels a orienté sa production vers la sexualité en solitaire des femmes.

Coffret d'ustensiles de « toilette » destinés au plaisir sexuel des femmes composé de cinq godes de tailles différentes, trois anneaux et une boule métallique.
Japon, début du XXᵉ siècle. Corne et métal, boîte en bois (couvercle manquant).
© The Trustees of the British Museum. →

Peut-être imaginait-on que les femmes ne pouvaient ressentir du plaisir qu'avec un pénis. Et si l'on ne pouvait envisager la pratique de la masturbation féminine que chez celles en manque de verge, rien d'étonnant à ce que ces godes aient été réalistes. Ainsi, même lorsqu'une femme se faisait plaisir toute seule, un homme était toujours présent.

Vrrrrrrrr

Les premiers vibromasseurs électriques ont été vendus au début du XXe siècle en tant qu'« *appareils de beauté* » : ils pouvaient traiter n'importe quel problème, les rides comme un mal de gorge. Grâce à un discret marketing genré, ces produits étaient considérés comme inoffensifs et ils ont été acceptés sans faire de vagues[6]. Aujourd'hui, les vibros sont de tailles, formes, couleurs et matériaux divers.

Le « White cross electric vibrator girl » présenté en 1911 dans le catalogue *Health and Beauty*. © Courtesy American Medical Association Archives.

Dans son ouvrage *Buzz: The Stimulating History of the Sex Toy*[7], Lieberman souligne que le design même de la plupart des sex-toys destinés aux femmes – qui ressemblent souvent à des jouets pour enfant – est une preuve de condescendance. La sexualité des femmes, c'est drôle, c'est frivole, mais ce n'est pas important.

> LA SEXUALITÉ DES FEMMES, C'EST DRÔLE, C'EST FRIVOLE, MAIS CE N'EST PAS IMPORTANT.

À la différence des godes, les vibromasseurs ne sont pas des répliques de l'anatomie de la divine pine. Ils sont très clairement conçus pour le plaisir exclusif des femmes. À la fin des années 1960, les vibromasseurs ébranlèrent la société étasunienne lorsque Betty Dodson, l'une des féministes les plus influentes de l'époque, déclara que la masturbation pouvait libérer les femmes de leur dépendance sexuelle à l'égard des hommes. Au même moment, le vibromasseur Hitachi Magic Wand, désormais mondialement connu, fit son apparition sur le marché, devenant le premier sex-toy politique[8] – « *soudain, les sex-toys devinrent un signe de la libération et du pouvoir des femmes*[9] ».

Aime-toi toi-même

Au sein d'une société qui a été construite sur leur dépendance à l'égard des hommes, sur le plan économique comme sexuel, les femmes qui se masturbent font peur. Partout dans le monde, les femmes libres et sexuellement actives sont vues comme diaboliques et incontrôlables – et c'est exactement ça qui constitue le cœur du patriarcat : le contrôle des femmes.

LES FEMMES QUI SE MASTURBENT FONT PEUR.

La masturbation peut donc être une forme de libération et une manière de se libérer des attentes sociales. Le boom de l'industrie des sex-toys a facilité, pour les femmes, l'accès au plaisir sexuel, mais ces jouets ne sont pas aussi géniaux qu'ils pourraient l'être. Et pour cause : notre société n'accepte toujours pas pleinement que les femmes se masturbent.

Les recherches de Lieberman l'ont amenée à conclure que l'industrie des sex-toys est en réalité assez rétrograde. Dans une interview accordée au magazine *Bitch*, elle explique que l'usage de ces jouets n'est toléré que dans un cadre normatif bien défini : ils s'adaptent, en grande majorité, au rôle genré assigné aux femmes et sont destinés à des couples, le plus souvent hétérosexuels, qui souhaitent « épicer » leurs rapports sexuels [10].

C'est également la peur qui dissuade les industriels de produire des jouets fantastiques à destination des femmes puisque l'on craint qu'ils ne remplacent les hommes ou les partenaires. Un épisode de la série *Sex and the City* y fait explicitement référence : après avoir acheté un Rabbit, le célèbre vibro, Charlotte renonce à rencontrer des hommes afin de goûter la compagnie de son nouveau meilleur ami. En réalité, bien sûr, il n'y a rien à craindre : les sex-toys ne remplaceront jamais le contact humain. Mais il est tout à fait normal que les femmes soient maîtresses de leurs propres désirs et, à cette fin, de bons sex-toys peuvent aider.

La politique et les bites

Dans son livre, Lieberman écrit : «*Je pensais que l'existence même de l'industrie des sex-toys était un signe de cette libération qui avait vu le jour grâce à la révolution sexuelle. Mais mes recherches m'ont permis de comprendre que, peut-être, nous n'en étions pas encore là... [Les sex-toys] étaient l'incarnation physique de la relation conflictuelle que le monde moderne entretenait avec la sexualité*[11].»

Ce «monde moderne» est actuellement aux prises avec le féminisme inclusif, qui offre progressivement des espaces aux femmes indépendantes, aux personnes LGBTQ + ou à celles porteuses d'un handicap. Bien qu'il existe quelques entreprises de sex-toys progressistes, l'industrie *mainstream* ne s'est pas engagée dans une démarche de déconstruction des normes oppressives.

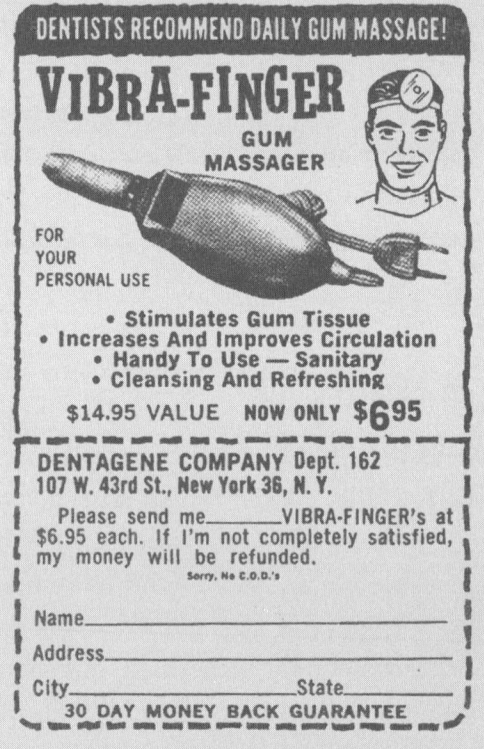

Pub pour un vibromasseur
(XXe siècle).

Toutefois, à mesure que de plus en plus de femmes prennent la tête de ces entreprises, les sex-toys s'améliorent : des femmes confectionnent des produits adaptés à l'anatomie et au plaisir féminins. Si le marché des jouets véritablement révolutionnaires demeure restreint, l'évolution est en marche et certaines sociétés progressistes tentent de déjouer les normes en proposant des produits adaptés à tous les sexes et toutes les sexualités.

Idéalement, l'industrie des sex-toys devrait être à l'avant-garde de ces changements sociaux et permettre aux femmes et à toutes les personnes qui le souhaitent d'explorer leur sexualité et de prendre du plaisir. En tant que consommateurs et consommatrices, nous pouvons exiger ce changement en soutenant les entreprises déterminées à ouvrir la voie vers un avenir où le plaisir serait accessible à tous et toutes, sans jugement. En en parlant ouvertement, nous pouvons également participer à une meilleure compréhension et acceptation de la sexualité des femmes et de la sexualité en général.

1. Ce texte a été initialement publié le 4 novembre 2019 sur le site Whores of Yore sous le titre « Sex toys and the sexual revolution ».

2. R. Maines, *The Technology of Orgasm : « Hysteria », the Vibrator and Women's Sexual Satisfaction*, Johns Hopkins University Press, Baltimore, 1999 ; trad. fr. *Technologies de l'orgasme. Le vibromasseur, l'« hystérie » et la satisfaction sexuelle des femmes*, Payot, Paris, 2009.

3. H. Lieberman et E. Schatzberg, « A failure of academic quality control : *The Technology of Orgasm* », *Journal of Positive Sexuality*, vol. 4, n° 2, 2018, <http://journalofpositivesexuality.org/wp-content/uploads/2018/08/Failure-of-Academic-Quality-Control-Technology-of-Orgasm-Lieberman-Schatzberg.pdf>.

4. A. Fetters et R. Meyers, « Victorian-era orgasm and the crisis of peer review », *The Atlantic*, 6 septembre 2018, <www.theatlantic.com/health/archive/2018/09/victorian-vibrators-orgasms-doctors/569446/>.

5. « The illustrated 30,000-year evolution of the sex toy », vidéo du *New York Magazine*, 21 novembre 2017, <www.youtube.com/watch?v=3_DjqMFQhAg>.

6. *Ibid.*

7. Pegasus Books, New York, 2017.

8. Commercialisé aux États-Unis en 1968, le Hitachi Magic Wand a rapidement rencontré un très grand succès. Considéré comme très efficace, il est devenu un symbole de l'autonomisation de la sexualité des femmes.

9. « The illustrated 30,000-year evolution of the sex toy », déjà cité.

10. S. Weiss, « Plastic pleasure. Hallie Lieberman on the liberating future of sex toys », *Bitch*, 6 février 2019, <www.bitchmedia.org/article/bitch-interview/hallie-lieberman-sex-toys>.

11. H. Lieberman, « The stimulating history of sex tech », *Forbes*, 27 octobre 2017, <www.forbes.com/sites/break-the-future/2017/10/27/the-simulating-history-of-sex-tech/#75054eea19ed>.

MARCHÉ DE L'ART : LA FRANCE PLACE SES PIONS

**Enquête sur
le prix de l'opacité**

PAR Antoine PECQUEUR

Transactions records, ouverture d'un centre de conservation d'œuvres d'art à l'aéroport du Bourget, réforme du Conseil des ventes... la France veut profiter du Brexit et de l'instabilité sino-américaine afin de reprendre sa place sur le marché de l'art. Les deux plus grandes maisons de ventes aux enchères, Christie's et Sotheby's, sont désormais aux mains de patrons français. Mais à quel prix se fait cet essor? Absence de transparence sur la provenance des œuvres, dispositifs fiscaux avantageux, ventes privées... le marché de l'art est l'un des moins régulés au monde.

Au cœur de la Seine-Saint-Denis, où trois habitants sur dix vivent en dessous du seuil de pauvreté, se trouve une oasis de milliardaires. Le Bourget, premier aéroport d'affaires européen, voit décoller et atterrir chaque jour les jets privés des plus grandes fortunes de la planète. Au-delà de la gestion des pistes, le groupe Aéroports de Paris (ADP), qui exploite le Bourget, propose désormais des services *ad hoc* à sa clientèle. C'est ainsi que l'enceinte aéroportuaire est en train de devenir un vaste écrin pour le marché de l'art. *«Aujourd'hui, les grandes fortunes veulent toutes investir dans ce domaine. On ne peut se dire riche sans posséder une collection d'œuvres d'art, si possible très chères*, nous explique Annabelle Gauberti, avocate, associée fondatrice du cabinet Crevofi, spécialisé dans le marché de l'art. *La plupart des grands patrons ont fait fortune en étant commercialement soit malins soit agressifs.*

Avec l'art, ils s'achètent un permis de respectabilité. Et comme les très riches deviennent de plus en plus riches, le marché ne fait qu'augmenter.» Au cœur même du Bourget se trouve ainsi une annexe de la galerie new-yorkaise Gagosian. Située à une quinzaine de kilomètres du centre de Paris, elle ne cherche pas à séduire l'amateur parisien d'art contemporain, mais vise directement les grandes fortunes mondiales. Le bâtiment, construit par Jean Nouvel, ressemble à un bunker; à l'intérieur, on ne rencontre pas un seul visiteur et, d'ailleurs, les expositions, réduites au minimum, ne semblent servir que de vitrines. L'essentiel se passe ailleurs, dans l'intimité des espaces de vente. C'est là que se négocient des transactions stratosphériques – Gagosian compte des artistes parmi les plus cotés du moment, comme Damien Hirst.

Port franc ?

À l'extérieur, notre regard s'arrête sur un vaste chantier mitoyen à la galerie Gagosian. Par sa surface, près de vingt-cinq mille mètres carrés, on s'attend à voir surgir un nouveau terminal. En réalité, ce bâtiment n'aura aucune vocation aérienne. Il s'agit d'un centre de conservation d'œuvres d'art, dont le coût est évalué à quarante millions d'euros. Pour l'occasion, ADP s'est associé en joint-venture à l'entreprise Chenue, filiale du fonds d'investissement Horus Finance, spécialisée dans les espaces de stockage d'art. Selon François Tajan, le président délégué d'Artcurial, troisième maison de ventes aux enchères en France, « *il s'agit d'un port franc qui va faciliter le marché, depuis les questions de stock jusqu'aux services de douane* ». Paris est-elle en train de se doter de l'un de ces immenses coffres-forts comme on en trouve à Luxembourg ou à Genève ? Dans un hangar industriel, le port franc suisse abrite aujourd'hui près d'un million d'œuvres – le plus beau musée du monde, inaccessible aux visiteurs mais à l'abri du fisc. Julien Da Costa Noble, directeur général de Chenue, nous rétorque que « *ce centre ne sera pas un port franc car ce statut n'existe pas en France*[1]*. C'est un entrepôt sous douane, contrôlé par les autorités. Le but est de stocker les œuvres en sécurité ; c'est une demande croissante des assureurs face à l'augmentation de la valeur des œuvres* ». Un simple lieu de protection des tableaux ? Le président du Syndicat national des maisons de ventes volontaires (Symey), Jean-Pierre Osenat, ne manque pas de s'interroger : « *Ceux qui achètent ce type d'œuvres d'art n'ont-ils pas des maisons ultrasécurisées, où ils pourraient les entreposer ?* »

Par rapport aux législations en vigueur en Suisse ou au Luxembourg, la France impose aux propriétaires d'œuvres d'art entrant sur son sol qu'ils cautionnent la TVA. Mais Julien Da Costa Noble le reconnaît : « *Le système permet aujourd'hui de limiter les dépenses effectives : il ne s'agit pas de sortir de l'argent directement, des cautions bancaires suffisent…* » Les acteurs du secteur notent qu'il faudrait maintenant une volonté politique afin de passer à l'étape complète du port franc, même si, en l'état actuel, le projet séduit déjà les milliardaires : la moitié des espaces de stockage ont été vendus, alors que le centre ne compte accueillir ses premiers clients qu'au deuxième semestre 2020, au plus tôt.

Mais qui sont justement ces clients ? Ici, nos interlocuteurs se réfugient derrière les clauses de confidentialité. « *Dans le passé, les gens achetaient des œuvres d'art pour meubler leur salon, maintenant ils se constituent des collections* », souligne Jean-Pierre Osenat. L'art est devenu une valeur refuge propice aux spéculations. Et à ce niveau d'investissement, on préfère l'anonymat à la publicité. Mais les responsables du futur centre de conservation insistent, eux, sur le fait que des institutions publiques ont acheté des espaces et vantent la qualité d'accès au Bourget grâce au futur métro du Grand Paris pour les restaurateurs d'œuvres d'art ou les régisseurs de musées. Comme pour faire oublier les allers-retours des jets… Le contexte politique n'est en tout cas pas étranger à l'essor de ce projet, observe un bon connaisseur du secteur : « *Ce n'est pas un hasard si un tel lieu va ouvrir au moment où le gouvernement compte parmi ses proches des patrons comme Bernard Arnault et François Pinault, qui sont des grands collectionneurs d'art. »*

L'ART EST DEVENU UNE VALEUR REFUGE PROPICE AUX SPÉCULATIONS. ET À CE NIVEAU D'INVESTISSEMENT, ON PRÉFÈRE L'ANONYMAT À LA PUBLICITÉ.

Spoliations

Dans un entretien à *Art Newspaper*, Marc Spiegler, le patron d'Art Basel, la plus grande foire d'art au monde, qualifiait le marché de l'art de *« dernier grand marché non régulé »*. L'avocate Annabelle Gauberti ne nous dit pas autre chose en soulignant que *« les deux marchés les moins transparents dans le monde sont l'art et la drogue »*. En cause, en particulier : la provenance des œuvres. Les historiques sont souvent incomplets, volontairement flous, comme le rappelle régulièrement l'arrivée sur le marché de tableaux ayant appartenu à des juifs et spoliés pendant la Seconde Guerre mondiale. Sans compter les problèmes de faux, de contrefaçons… Du côté de chez Christie's, qui alterne régulièrement avec Sotheby's pour le titre de première maison de ventes aux enchères au monde, on cherche à gommer cette image en sortant les éléments de langage : *« Si le marché de l'art est vu comme sulfureux, c'est parce que c'est un marché de passionnés. On n'achète pas une œuvre dans une pure stratégie économique mais par coup de cœur »*,

affirme Cécile Verdier, présidente de Christie's France. Les derniers records de ventes réalisés en France montrent toutefois que les *« coups de cœur »* sont des réalités économiques sonnantes et trébuchantes : en novembre, un tableau de Soulages est parti pour neuf millions six cent mille euros et, en décembre, un Gauguin s'est envolé à neuf millions et demi d'euros. François Tajan, le patron d'Artcurial, tente de justifier les problèmes de transparence en matière de provenance des œuvres en expliquant que *« dans l'art, il n'existe pas de cadastre comme dans l'immobilier. Nous avons donc souvent un manque d'éléments à notre disposition »*. L'origine des œuvres et leur authenticité font chaque année l'objet d'intenses poursuites judiciaires. Et l'opacité va jusqu'au fonctionnement même des sociétés : n'étant pas cotées en Bourse, les maisons de ventes peuvent se permettre de limiter au maximum la communication sur leurs chiffres ou leurs actionnariats.

Panama Papers

On ne s'étonnera donc pas que les grands acteurs du marché de l'art se soient retrouvés au cœur du scandale des Panama Papers. Parmi les clients du cabinet d'avocats panaméen Mossack Fonseca figuraient la petite-fille de Picasso, Marina Ruiz-Picasso, la famille Thyssen-Bornemisza, le marchand d'art Yves Bouvier… Les collectionneurs passent par des sociétés écran dans le but de dissimuler leurs biens, comme dans le cas du tableau *L'Homme assis* d'Amedeo Modigliani, appartenant à l'origine à un collectionneur juif qui fut spolié par les nazis. Le tableau avait disparu jusqu'à sa réapparition dans une vente publique en 1996, où il fut alors acheté par une société panaméenne, International Art Center, un prête-nom. Les héritiers de ce tableau volé ont eu la confirmation grâce aux Panama Papers que, derrière cette société écran, se cachaient les Nahmad, une famille libano-monégasque de collectionneurs. Christie's s'est aussi retrouvée au cœur du scandale pour avoir réalisé, en 1997, ce que le milieu de l'art a décrit comme la « *vente du siècle* ». En une soirée, les joyaux de la collection du couple Victor et Sally Ganz étaient partis pour deux cent six millions de dollars. À l'époque, Christie's avait pour actionnaire principal Joseph Lewis, un milliardaire britannique installé aux Bahamas. Au moment de la vente, les héritiers Ganz n'étaient en fait déjà plus propriétaires des œuvres : la collection avait été cédée pour cent soixante-huit millions de dollars à une société créée par Mossack Fonseca. Le but était, pour Christie's, de garantir aux vendeurs une certaine somme et d'éviter que ces derniers n'aillent proposer leur collection ailleurs.

À côté des ventes aux enchères publiques, les ventes privées se sont énormément développées ces dernières années (chez Sotheby's, elles ont augmenté de 28 % entre 2017 et 2018), permettant de nouer des transactions entre un vendeur et un acheteur en toute discrétion… « *Quand on vend une œuvre d'art, c'est que l'on a besoin de liquidités, et donc que l'on n'est pas en très bonne santé économique. Et il ne faut pas que le marché sache que l'on a un problème financier. Donc on devient un vendeur anonyme qui se cache derrière la maison de vente aux enchères* », observe Annabelle Gauberti.

« *Le marché français, sans foi ni loi* »

C'est sur ce marché peu reluisant que la France entend désormais retrouver une place bien plus importante. Selon le dernier rapport d'Artprice, l'Hexagone occupe la cinquième place en termes de valeur de ventes d'œuvres (la troisième en nombre de transactions), derrière New York, Londres, Hong Kong et Pékin. Or jusque dans les années 1990, Paris était leader sur ce marché, avant que celui-ci ne se mondialise. Elle compte bien maintenant remonter dans le classement. « *La France est un pays de "sourcing", on y trouve beaucoup d'œuvres du fait de notre riche patrimoine artistique. Et nous y avons un grand nombre d'acheteurs étrangers : dans nos ventes parisiennes, deux tiers des acheteurs ne sont pas français ; ils viennent ici acheter une part de notre culture* », vante Cécile Verdier, de Christie's. Un étranger qui achète une œuvre d'art en France n'aura pas à acquitter la TVA, contrairement au Français qui garde l'œuvre dans son pays.

Pour se développer dans ce secteur, la France est prête à tout. Avec notamment des dispositifs juridiques qui favorisent les vendeurs : « *Le marché de l'art français est sans foi ni loi. En Grande-Bretagne, il y a une forme d'auto-régulation ; les maisons de ventes ont très peur de salir leur image. Mais pas en France, où le but est de vendre le plus cher avec le moins possible d'informations. Même avec l'entrée en vigueur de la loi Hamon en 2014[2], la protection des clients y est très difficile face aux galeries ou aux maisons de ventes sans scrupule. Si l'acquéreur monte au créneau, le vendeur n'hésite pas à l'assigner en justice.*

LES GRANDS ACTEURS
DU MARCHÉ DE L'ART
SE SONT RETROUVÉS
AU CŒUR DU SCANDALE
DES PANAMA PAPERS.
LES COLLECTIONNEURS
PASSENT PAR DES
SOCIÉTÉS ÉCRAN DANS
LE BUT DE DISSIMULER
LEURS BIENS.

Les procès durent parfois dix ans, avec des honoraires de plusieurs dizaines de milliers d'euros à la charge du client. Il faut avoir les poches profondes », explique Annabelle Gauberti.

L'essor du marché français se fait aussi en grande partie grâce au contexte géopolitique. À commencer par les inquiétudes liées au Brexit. *« Si des contraintes douanières sont mises en place, avec des taxes à l'importation, Paris va assurément reprendre des parts de marché »*, veut croire François Tajan. Même si le doute sur les conditions de sortie du Royaume-Uni de l'Union européenne laisse libre cours à toutes les hypothèses. L'économiste de la culture Clare McAndrew a publié une tribune au titre volontairement provocateur dans *Art Newspaper* : « Pourquoi le Brexit est une opportunité en or pour le marché de l'art anglais. » Elle y explique que la sortie de l'UE pourrait permettre à Londres de devenir une sorte de paradis fiscal, facilitant encore plus les ventes d'art. Mais d'autres spécialistes du marché n'en sont pas convaincus, arguant que la Grande-Bretagne va se couper du vivier d'artistes. De nombreuses galeries viennent ces derniers mois s'installer à Paris comme, en novembre, le puissant David Zwirner, avec un espace de huit cents mètres carrés en plein Marais.

La France pourrait aussi de plus en plus profiter des tensions commerciales entre les États-Unis et la Chine. *« Les États-Unis ont mis en place une taxe sur tous les produits chinois, dont les œuvres d'art. Pour une maison d'enchères comme la nôtre, il vaut désormais mieux vendre des pièces chinoises à Paris plutôt qu'à New York »*, note Cécile Verdier. Sans oublier les turbulences à Hong Kong, qui pourraient également impacter les ventes dans l'ancienne colonie britannique. La particularité des salles de ventes françaises est en outre de ne pas se limiter à une sélection d'objets mais de se consacrer le plus souvent à une collection ayant appartenu à une personnalité – un art savant du marketing…

Le duopole des maisons de ventes

Mais surtout, le point crucial, c'est que la grande bataille du duopole des maisons de ventes aux enchères, entre Sotheby's et Christie's, est désormais une bataille française. Cette dernière, dont le siège est à Londres, a été rachetée en 1998 par François Pinault. Afin d'affirmer encore plus cette identité française, l'homme d'affaires a confié en 2017 la direction générale de Christie's à Guillaume Cerutti, ancien haut fonctionnaire, passé par… Sotheby's (le mercato est incessant entre les deux maisons). Selon Cécile Verdier, même si les plus grandes parts du marché se font à l'étranger, la branche française de Christie's est le *« boutique hôtel »* de la marque. La bataille se livre aussi, et surtout, par l'image.

LA GRANDE BATAILLE DU DUOPOLE DES MAISONS DE VENTES AUX ENCHÈRES, ENTRE SOTHEBY'S ET CHRISTIE'S, EST DÉSORMAIS UNE BATAILLE FRANÇAISE.

En août dernier, Sotheby's a de son côté été rachetée par un autre Français, Patrick Drahi (qui possède également les nationalités portugaise et israélienne). Une acquisition de trois milliards sept cents millions de dollars qui a surpris le secteur, puisqu'Altice, le groupe de Drahi, croule sous les dettes. Mais le magnat des médias a lui aussi su profiter des tensions commerciales entre les États-Unis et la Chine. Les groupes chinois China Guardian et Poly, respectivement troisième et quatrième maisons de ventes aux enchères dans le monde, étaient attendus comme d'éventuels acquéreurs de la maison américaine. Mais le contexte de crise géopolitique entre Donald Trump et son homologue Xi Jinping empêchait toute transaction. C'est alors qu'a surgi le patron d'Altice. Avec un objectif des plus ambitieux : une réduction des coûts structurels de 30 à 40 % et une multiplication par cinq de la rentabilité.

Reste à voir si l'image de la maison de ventes n'a pas été trop dégradée par l'affaire Bouvier-Rybolovlev (aucun responsable de Sotheby's n'a répondu à nos demandes d'interview). L'homme d'affaires russe Dmitri Rybolovlev accuse le marchand suisse Yves Bouvier, qui était son conseiller dans le monde de l'art, d'« escroquerie », pour lui avoir vendu des œuvres d'art à des tarifs surévalués (notamment le *Salvator Mundi* de Léonard de Vinci), avec la complicité de Laurent Valette, directeur adjoint des ventes privées chez Sotheby's. Selon des documents présentés par la justice américaine, Yves Bouvier négociait les tableaux avec Sotheby's puis les revendait à un prix bien plus élevé et surtout attendait de recevoir l'argent de Dmitri Rybolovlev avant de payer Sotheby's qui, de son côté, aurait fourni des estimations surévaluées à l'homme d'affaires russe. C'est ce dernier point qui est au cœur des investigations judiciaires. À l'heure actuelle, Laurent Valette occupe toujours son poste chez Sotheby's.

Cheval de Troie

Au-delà de la dimension économique (qui reste marginale par rapport à leurs autres activités), pourquoi François Pinault ou Patrick Drahi se sont-ils lancés sur le marché de l'art ? Un spécialiste du secteur observe que « *c'est à partir de son acquisition de Christie's que François Pinault a commencé à se lancer dans le luxe et que, concernant Patrick Drahi, c'est une manière pour ce géant des télécommunications de pénétrer le marché américain* ». L'art, un cheval de Troie ? Chez Christie's, Cécile Verdier répond que « *les activités artistiques sont gérées par Artemis, tandis que la branche luxe est supervisée par une autre société, Kering. François Pinault entend séparer ces différentes activités* ». En réalité, Kering est une filiale d'Artemis… L'heure est bien aux synergies : au moment où la France veut reprendre une position forte sur le marché de l'art, François Pinault s'apprête à ouvrir cette année au cœur de Paris un nouveau musée d'art contemporain, au sein de l'ancienne Bourse du commerce. De quoi dynamiser encore plus le marché, après l'ouverture de la fondation Vuitton de son rival Bernard Arnault. La grande interrogation concerne les relations que vont entretenir Christie's et Sotheby's avec l'arrivée de Patrick Drahi. Rivalité frontale ou bien arrangements entre amis ? En 2000, les deux maisons avaient été condamnées pour entente sur les commissions… À cela s'ajoute un troisième interlocuteur sur le marché français : le groupe Dassault, actionnaire majoritaire d'Artcurial, occupant en France la troisième place des maisons de ventes mais qui, contrairement aux deux autres, se limite à ce marché intérieur.

POURQUOI FRANÇOIS PINAULT OU PATRICK DRAHI SE SONT-ILS LANCÉS SUR LE MARCHÉ DE L'ART ?

Face à l'expansion des maisons de ventes aux enchères, les galeries voient, elles, leur rôle se réduire. Il y a encore dix ans, une œuvre achetée en galerie attendait une quinzaine d'années avant de se retrouver sous le marteau d'un commissaire-priseur. Désormais, le délai de revente d'une pièce d'art contemporain est de deux à trois ans… Mais selon Jean-Pierre Osenat, *« les ventes de Sotheby's ou Christie's sont le moteur du marché. Je suis libéral, je crois à la politique du ruissellement »*.

Appui politique

Cette relance du marché de l'art se produit avec l'appui des politiques. La sénatrice Catherine Morin-Desailly (UDI), présidente de la commission culture du Sénat, est à l'origine d'une loi adoptée en novembre au Sénat et qui va passer au courant de l'année à l'Assemblée nationale. *« Dans ce secteur, la France est en retrait aujourd'hui, elle n'est plus ce qu'elle était,* déplore la sénatrice. *Il faut relancer la compétitivité du marché de l'art en améliorant les réglementations et les problèmes de fiscalité. »* Au cœur de cette réforme : l'évolution du Conseil des ventes volontaires, l'institution censée réguler le fonctionnement des maisons de ventes aux enchères. *« Le Conseil des ventes est une rigolade, ses tentatives de conciliation des conflits entre les commissaires-priseurs et les acquéreurs d'œuvres d'art étant là juste pour les apparences »*, nous confie Annabelle Gauberti. Au sein même du secteur, cette institution a longtemps suscité l'ire des professionnels, mais pour des raisons différentes… *« Le budget de deux millions d'euros de cette structure était disproportionné, cela obligeait les adhérents à des cotisations de plusieurs milliers d'euros par an. Et le Conseil était incapable de jouer son rôle de discipline. Il fallait cette réforme pour créer une structure plus modeste. Je propose que nous utilisions l'argent à des dépenses de promotion ! »*, avance Jean-Pierre Osenat. En réduisant la voilure de ce Conseil, le but ne serait-il pas de réduire encore plus la régulation ? Un point fait encore débat dans cette réforme : qui doit régler les différends entre parties ? L'instance même ou les tribunaux ? C'est ce choix, entre opacité et transparence, que devront trancher les députés au cours de l'année.

Le lien entre les politiques et le marché de l'art se resserre encore plus depuis l'arrivée au pouvoir d'Emmanuel Macron. Avec un transfert emblématique : l'ex-directeur de la communication de l'Élysée, Sylvain Fort, est devenu en mai dernier le directeur général de Pinault Collection, la société gérante de la collection d'art contemporain du milliardaire. La proximité entre le monde politique et l'art est un facteur déterminant. Laurent Fabius, dont les parents étaient antiquaires, a permis en 1982, alors qu'il était ministre du Budget, que les œuvres d'art soient exclues du champ de l'impôt sur les grandes fortunes. Depuis lors, cette niche fiscale a perduré, ses partisans défendant ce dispositif au nom de la compétitivité du marché français. Elle a été maintenue dans la réforme de l'impôt sur la fortune pilotée par Emmanuel Macron en 2017 : l'art est exclu de l'assiette de l'impôt sur la fortune immobilière issu de la loi de finances pour 2018.

« Art world gone mad », titrait à la une, en décembre dernier, le quotidien *New York Post* à l'occasion de la vente d'une banane attachée à un mur, de Maurizio Cattelan, pour cent vingt mille euros. Dans ce royaume des fous, la France veut plus que jamais sa part.

LE LIEN ENTRE LES POLITIQUES ET LE MARCHÉ DE L'ART SE RESSERRE ENCORE PLUS DEPUIS L'ARRIVÉE AU POUVOIR D'EMMANUEL MACRON

1. À l'origine de ce projet, ADP avait passé commande d'une étude sur la faisabilité et la légalité d'un port franc en France.

2. Loi relative à la consommation qui a pour but une meilleure information du consommateur.

DOIT-ON PROTÉGER LES ENFANTS ?

POSITION

Les voies
de la domination adulte

PAR **Delphine PITERBRAUT-MERX**

« *Le premier droit d'être enfant, c'est le droit d'être innocent*»,
déclarait Emmanuel Macron dans son discours du 20 novembre
dernier à l'occasion du trentième anniversaire de la Convention
internationale des droits de l'enfant. Les instances publiques
invoquent cette vulnérabilité « *naturelle* » des plus jeunes
afin de justifier la toute-puissante autorité parentale et,
si elle fait défaut, différentes mesures de protection étatique.
Mais insister sur l'innocence des enfants pourrait bien avoir
des effets performatifs : et si cette vulnérabilité était construite
et renforcée par ces mesures de protection ? Tentons donc
de déconstruire ce paradigme tautologique afin d'entrevoir
ce que serait une existence enfantine libérée de la domination
des adultes.

L'expression « *protection de l'enfance* » fait référence aux politiques publiques qui
s'attachent à la prise en charge des violences intrafamiliales, définies par la loi de
2007. L'enfance est représentée par les institutions étatiques comme « *en danger*»,
ainsi que le souligne la déclinaison du vocable dans les différents organismes [1].
On s'intéresse ainsi d'abord à l'enfance sous l'angle de la protection, comme si
sa condition propre – sa supposée fragilité intrinsèque – nécessitait une politique spécifique. Pourtant, les politiques publiques de protection de l'enfance
ne s'appliquent pas aux seuls enfants mais régissent les relations entre ces trois
acteurs : État – famille – enfants. Leur rôle est bien de légiférer et d'organiser
l'ingérence de l'État au sein de familles qui ne s'acquitteraient pas bien de leur
fonction principale, celle de l'éducation de l'enfant. Cette structure institutionnelle repose ainsi sur trois postulats : l'enfance est *naturellement* vulnérable ; il
revient à la famille de remédier à cette vulnérabilité en assurant l'éducation de
l'enfant ; l'État possède un rôle *correctif* : dès lors que la famille dysfonctionne, il
intervient dans le but de préserver l'enfant de cette sphère violente, voire de l'y

soustraire. Selon ce modèle, la famille correspond à la fois à l'organe de *protection* et de *production* de violences envers les enfants. Cependant, bien que la famille constitue pour l'enfance un espace de violences, l'autorité parentale ne se voit en aucun cas entièrement contestée et la cellule familiale reste la figure privilégiée du soin donné à l'enfant.

On pourrait, à rebours d'une telle approche, mettre ces trois propositions à l'épreuve. Faisons un court laps de temps le pari inverse et chaussons des verres que certains renâcleront d'abord à porter. Imaginons que la conception de l'enfance comme groupe vulnérable à protéger est le résultat d'une production symbolique et matérielle qui expose finalement les plus jeunes aux violences : l'enfant ne serait pas *naturellement* vulnérable mais serait *rendu* vulnérable par les institutions. Il s'agit de passer d'une approche naturaliste – la vulnérabilité est une propriété de l'enfant – à un questionnement politique et d'envisager à nouveaux frais l'épineux problème de la violence faite aux enfants.

Devoir de protéger ou droit d'abuser ?

La définition de l'enfant, qui le distingue du sujet adulte, repose tout d'abord sur sa vulnérabilité propre. Marc-Henri Soulet caractérise ainsi l'enfance comme une « *"prédisposition au risque"*, i.e. *l'exposition extrême, de certaines existences enfantines, et la douloureuse question de l'appréciation des probabilités de concrétisation de ces dangers* [2] ». Elle fait l'objet d'une prise en charge en charge particulière en tant qu'elle est *génériquement* plus exposée aux violences que les adultes, et cela entre en tension, comme le souligne Marc-Henri Soulet, avec le souci d'attention porté au groupe *spécifique* des enfants maltraités. Les enfants sont placés aux côtés d'autres groupes tels que les personnes âgées ou encore les femmes, dont le statut de mineures n'a été que récemment mis en cause [3].

LES ENFANTS SONT PLACÉS AUX CÔTÉS D'AUTRES GROUPES PENSÉS COMME PARTICULIÈREMENT VULNÉRABLES PAR NATURE, TELLES LES PERSONNES ÂGÉES OU LES FEMMES.

Comment entendre alors cette idée d'une exposition particulière des enfants au danger et, surtout, comment comprendre le lien tracé entre celle-ci et la protection de l'enfance ? Le schéma d'explication proposé s'organise le plus souvent de la manière suivante : l'exposition des enfants au danger est conçue comme naturelle car elle relève de l'évidence et se manifeste identiquement chez tous les enfants. L'exemple du nourrisson est alors fréquemment invoqué, en tant qu'il fournit un modèle de grande dépendance physique et psychique : si personne ne s'occupe de ses besoins, il ne survivra pas. On pourrait cependant s'étonner de l'unification d'une classe d'âge très vaste sous un même statut juridique, celui de la minorité : qu'y a-t-il finalement de commun entre un nourrisson, une jeune enfant de dix ans et une adolescente de seize ans ? La référence à un schéma de développement dans lequel seraient insérés les enfants constitue l'une des explications les plus communément avancées : ces sujets peuvent être rapprochés car ils sont tous inachevés psychiquement et physiquement. Ils s'opposent donc à la maturité qui caractériserait les adultes. La vulnérabilité de l'enfant fait alors l'objet d'un processus de *naturalisation* : elle est considérée comme présociale, et non comme le résultat d'une organisation de la société – ce qui pourrait bien être le résultat d'une fiction [4].

C'est à cet état supposément naturel que l'expression de « *protection de l'enfance* » vient répondre. C'est parce que les enfants, vulnérables, seraient dépourvus d'autonomie réelle qu'il serait nécessaire que les adultes leur offrent une protection. La justification du statut de minorité va dès lors dans ce sens : l'autorité parentale ne se comprend – et ceci n'est qu'une évolution récente du droit [5] – qu'en tant qu'elle « *a pour finalité l'intérêt de l'enfant* [6] ». L'autorité parentale doit permettre, par l'éducation fournie aux enfants, d'assurer les meilleures conditions en vue de guider leur croissance. La formidable restriction des libertés opérée par le statut de mineur·e, qui, au-delà de priver l'enfant d'une représentation politique, autorise une intervention permanente dans sa vie et ses choix – activités pratiquées, personnes fréquentées… – peut donner le sentiment, comme le suggère la sociologue féministe Christine Delphy, que « *les enfants sont sous certains aspects assimilables à des propriétés, les droits détenus sur eux étant semblables à ceux que l'on peut avoir sur des objets ou des animaux, et le* droit *d'abuser – y compris de rendre malheureux un enfant pour lequel on n'assume aucune responsabilité – fait partie de ces droits* [7] ».

La critique formulée par Delphy est pertinente en ce qu'elle fait apparaître une faille dans la justification du statut de minorité par l'argument de la vulnérabilité de l'enfant. En effet, un élément qui n'est pas analysé de manière systématique réside dans la délégation aux seul·e·s parent·e·s du rôle de protection de l'enfance, en tout cas dans un premier temps. L'échelon de la famille apparaît lui aussi comme allant de soi, sans que la responsabilité de celle-ci ne soit interrogée. Or les politiques de protection de l'enfance ont pour fonction non pas de protéger les enfants de manière générale, mais bien de corriger des situations dans lesquelles la famille maltraite l'enfant[8]. L'ambiguïté de l'objet sur lequel portent les politiques de protection de l'enfance est alors pleine de sens. Le schéma d'explication initialement proposé, qui justifie l'autorité parentale par la vulnérabilité naturelle de l'enfant, suscite un certain nombre de questions dès lors que l'on sait que les violences infrafamiliales constituent un phénomène massif et que, si l'on retourne la question, les violences contre les enfants ont principalement lieu dans la sphère familiale[9]. Il importe par conséquent de soumettre à la critique un tel modèle, qui s'appuie sur un prétendu état de fait naturel afin d'entériner une structuration sociale et juridique.

LES POLITIQUES DE PROTECTION DE L'ENFANCE ONT POUR FONCTION NON PAS DE PROTÉGER LES ENFANTS DE MANIÈRE GÉNÉRALE, MAIS BIEN DE CORRIGER DES SITUATIONS DANS LESQUELLES LA FAMILLE MALTRAITE L'ENFANT.

Contre le mythe du développement de l'individu

Une fois établi ce bref décryptage des acteurs de la protection de l'enfance et du système argumentatif qui la gouverne, il est possible de se livrer à une double mise en cause: celle de la prémisse d'abord, selon laquelle la vulnérabilité du groupe enfant serait naturelle, celle de sa conséquence ensuite, selon laquelle la vulnérabilité des enfants rendrait nécessaire la protection par les parent·e·s.

La prémisse semble difficile à contester, tant la vulnérabilité du groupe enfant est perçue comme une évidence. La rapidité avec laquelle les privations de liberté des enfants sont justifiées suggère le peu de poids placé dans ce problème. Dès lors que l'on se penche plus précisément sur cette question, la faiblesse des arguments apparaît cependant. Le cas du nourrisson d'abord, pris comme paradigme de la vulnérabilité, interroge : comment l'énoncé d'un cas marginal saurait-il entériner le traitement d'un groupe entier aux conditions d'existence extrêmement variées ? Le deuxième argument, plus coriace, est celui du développement : c'est parce que les enfants n'ont pas encore atteint un stade de maturité qu'ils doivent être éduqués. Une critique du développementalisme, qui désigne cette incapacité à envisager l'enfance autrement qu'à partir du prisme du développement et cette tendance à n'examiner l'enfance qu'à l'aune des caractéristiques adultes qui en fourniraient la norme, est pourtant possible. La psychologie génétique introduite par Piaget, qui conçoit l'existence de stades de développement comme autant d'étapes vers l'acquisition d'une pensée opératoire formelle et dont les idées sont abondamment reprises aujourd'hui, soulève un certain nombre de problèmes puisqu'elle suppose une conception téléologique de l'existence humaine. Selon celle-ci, l'adulte désigne la finalité du développement humain, l'enfance n'en constituant qu'un stade inachevé et la vieillesse un stade dégradé. Un certain nombre de sociologues se sont livré·e·s à une critique d'une telle conception, qui ne peut penser une maturation psychique et physique qu'en l'insérant dans une ligne normative. André Turmel souligne ainsi que « *l'équation entre la maturation de l'enfant, autant physique que mentale, avec l'idée de développement est [...] cristallisée dans la figure uniforme, universelle et inévitable d'un* "pattern" *d'étapes et de séquences de développement* [10] ». De plus, la légitimation du statut de majorité repose elle aussi sur un mythe, celui du sujet adulte autonome. Le travail récent des théoriciennes du *care* s'est efforcé de montrer l'inanité d'une telle idée : chaque individu passe au cours de son existence par des phases de grande dépendance et des phases d'autonomie relative. Il importe alors d'insister sur la codéfinition des groupes adulte et enfant : pour que la fiction de l'adulte autonome fonctionne, elle doit trouver son envers, celle de l'enfant dépendant. Les faits résistent pourtant à une telle vision.

POUR QUE LA FICTION DE L'ADULTE AUTONOME FONCTIONNE, ELLE DOIT TROUVER SON ENVERS, CELLE DE L'ENFANT DÉPENDANT.

La critique de la prémisse nous conduit à la contestation de la conclusion. Plutôt que de penser les institutions étatiques et familiales comme remède à la vulnérabilité naturelle des enfants, il serait intéressant de formuler l'hypothèse inverse : les institutions jouent un rôle dans la production matérielle et symbolique de la vulnérabilité des enfants. Si la famille est une sphère de violence envers les enfants, c'est parce que ceux-ci sont légalement privés d'autonomie, c'est parce qu'ils sont, comme l'analysait Delphy, la quasi-propriété des parents. Les enfants ne sont pas maltraités parce qu'ils sont naturellement faibles, mais en raison de la légitimation du statut de minorité. Seulement, nous sommes tellement habitué·e·s à adopter le raisonnement inverse que l'ampleur de la domination du groupe adulte sur le groupe enfant passe inaperçue. Le couple innocence/ignorance appliqué aux enfants est un bon exemple de cela : on refuse classiquement aux enfants l'accès à un ensemble de connaissances, dans les domaines de la politique et de la sexualité en particulier, afin de préserver leur innocence propre. Shulamith Firestone écrit ainsi : « *L'idée d'enfance impliquait qu'il s'agissait d'une espèce différente de celle des adultes, non seulement en âge, mais de par sa nature même. Une idéologie fut élaborée à l'appui de cette théorie, et des traités fantaisistes furent écrits sur l'innocence des enfants, "petits anges, si proches de Dieu"* [11]. » L'expression de « droit à l'innocence » repose ainsi sur l'idée selon laquelle la période de l'enfance serait et devrait être dépourvue de toute responsabilité et de toute inquiétude. Pourtant, on peut postuler que c'est la privation de connaissance qui rend les enfants ignorants et, par conséquent, plus vulnérables.

LES INSTITUTIONS JOUENT UN RÔLE DANS LA PRODUCTION MATÉRIELLE ET SYMBOLIQUE DE LA VULNÉRABILITÉ DES ENFANTS.

La domination des adultes sur les enfants n'est le plus souvent pas perçue comme telle par les premiers : elle ne consisterait qu'en l'exercice légitime d'éducation de sujets encore inachevés. Cette conception de l'enfance découle d'un processus de naturalisation et laisse de côté la manière dont la société produit de tels sujets. L'analogie avec la domination patriarcale peut sur ce point être éclairante : les femmes ont de fait longtemps été considérées comme mineures en droit et trop fragiles pour ne pas être placées sous la protection de leur père ou leur époux. Ce régime a fait l'objet de nombreuses contestations au sein des mouvements féministes et des études de genre. Le travail reste entier en ce qui concerne l'enfance et ceci ne pourra se produire sans la prise de parole par les principaux·ales concerné·e·s.

1. L'État et les départements financent le Groupement d'intérêt public (GIP) Enfance en danger, qui rassemble deux entités : le Service national d'accueil téléphonique de l'enfance en danger (Snated) et l'Observatoire national de la protection de l'enfance (Oned).

2. M.-H. Soulet, « Vulnérabilité et enfance en danger. Quels apports ? Quels rapports ? », *in Vulnérabilité, identification des risques et protection de l'enfance. Nouveaux éclairages et regards croisés*, dossier thématique de l'Oned, mai 2014, p. 131.

3. Il faut attendre 1965 et la réforme des régimes matrimoniaux pour que la femme mariée ne soit plus considérée comme une mineure.

4. Voilà ce qu'en dit Christine Delphy : « *De quelle nature sont les incapacités des mineurs ? Jusqu'à présent, on a conservé la fiction qu'elles étaient "naturelles", c'est-à-dire physiques, même si elles ne justifiaient pas le statut juridique de mineur. Il faut cependant ici remarquer que les incapacités majeures des mineurs n'ont rien de physique et sont des empêchements sociaux reposant sur des interdictions légales. Ainsi en va-t-il de leur "incapacité à gagner leur vie" : les mineurs n'ont pas le droit de travailler – de vendre leur force de travail – ou toute autre chose d'ailleurs.* » « L'état d'exception : la dérogation du droit commun comme fondement de la sphère privée », *in L'Ennemi principal. Tome 2 : Penser le genre*, Syllepse, Paris, 2001.

5. La mention de l'« *intérêt de l'enfant* » dans le droit français ne date que de 2002 et s'inscrit dans le mouvement entamé par la Convention internationale des droits de l'enfant (Cide) en 1989.

6. La loi n° 2002-305 du 4 mars 2002 a remanié l'article 371-1 du Code civil et indique que « *l'autorité parentale est un ensemble de droits et de devoirs ayant pour finalité l'intérêt de l'enfant* ».

7. C. Delphy, « L'état d'exception », *loc. cit.*, p. 195-196.

8. L'article 112-3 du Code de l'action sociale et des familles indique ainsi que la protection de l'enfance a « *pour but de prévenir les difficultés auxquelles les parents peuvent être confrontés dans l'exercice de leurs responsabilités éducatives, d'accompagner les familles et d'assurer, le cas échéant, selon des modalités adaptées à leurs besoins, une prise en charge partielle ou totale des mineurs* ».

9. Les chiffres sur les violences intrafamiliales sont peu nombreux et difficiles à obtenir. Selon l'OMS zone Europe, 23 % des enfants sont victimes de violences physiques et 29 % de violences psychologiques.

10. A. Turmel, « De la fatalité de penser la maturation en termes de développement : quelques réflexions », *in* R. Sirota (dir.), *Éléments pour une sociologie de l'enfance*, PUR, Rennes, 2006, p. 71. Il met en valeur le versant institutionnel d'une telle approche, qui donne lieu à la création de standards de développement auxquels le sujet empirique doit se conformer. Voir aussi E. Burman, *Deconstructing Developmental Psychology*, Routledge, Londres/New York, 1994.

11. S. Firestone, *Pour l'abolition de l'enfance*, trad. Sylvia Gleadow, tahin party, Lyon, p. 36.

L'EUROPE, OU L'IMAGINAIRE VERROUILLÉ

Comment la culture
s'empare de l'UE

PAR Ludovic LAMANT

Nous, l'Europe, banquet des peuples ou *I Am Europe* sur les planches, *Adults in the Room* au cinéma, *La Capitale* ou *Le Continent de la douceur* en littérature… L'UE est devenue un sujet régulier de la création contemporaine, qui entend fournir de nouveaux imaginaires et des contre-récits dans un moment où le projet européen a du plomb dans l'aile. Mais beaucoup de ces représentations des institutions européennes recourent à des oppositions faciles et usées afin de penser la politique européenne, notamment celle entre libéraux et illibéraux, qui a dominé la campagne des élections européennes de 2019. À tel point que l'on peut s'interroger : l'imaginaire techno et la langue sèche des institutions bruxelloises vont-ils jusqu'à assécher les textes qui s'emparent d'elles ?

Pour filmer l'un des récits matrices de l'Europe d'aujourd'hui – le bras de fer entre Athènes et les dirigeants européens sur l'euro, en 2015 –, Costa Gavras a posé sa caméra dans la capitale grecque et à… Paris. Le tournage d'*Adults in the Room*, sorti en salle à l'automne 2019, a ainsi fait l'impasse sur Bruxelles. Le film reconstitue pourtant des séances de l'Eurogroupe et les tractations des différents camps dans les chambres d'hôtel en amont de ces sommets « de la dernière chance ».

Reconstitués sur écran vert, la capitale belge et son quartier européen n'y sont qu'un effet spécial. Les fameux « couloirs de Bruxelles », décor d'un final en forme de comédie musicale amère sur l'échec d'Alexis Tsipras à l'été 2015, sont une reconstitution. Comme si le réalisateur de *Z* avait pris peur à l'idée de filmer la politique depuis le véritable huis clos de la capitale belge, avec ses allures de district financier d'une grande ville des États-Unis.

En 2019, de nombreux auteurs se sont risqués, à l'instar de Costa Gavras, à un travail de représentation plus ou moins documenté, plus ou moins fastidieux des rouages institutionnels de l'Union. En particulier de la Commission, l'exécutif bruxellois chargé de défendre, selon les traités, l'intérêt général des Européens. L'effet d'accumulation de ces œuvres est saisissant et, sans doute, réconfortant pour qui s'inquiète de la trop faible présence des enjeux européens dans le débat public. Mais beaucoup d'entre eux recourent à des oppositions faciles et usées afin de penser la politique européenne, notamment celle entre libéraux et illibéraux, qui a dominé la campagne des élections européennes de 2019. À tel point que l'on peut s'interroger : l'imaginaire techno et la langue sèche des institutions bruxelloises risquent-ils d'assécher les textes en présence ?

Dans *La Capitale* (Verdier), Robert Menasse dresse le portrait croisé de plusieurs fonctionnaires européens, dont certains se trouvent chargés d'organiser le « *big jubilee* » marquant le soixantième anniversaire de la Commission. « *C'était cela, l'idée : il ne suffisait pas de vendre aussi bien que possible le travail quotidien de la Commission, il fallait que les gens lèvent leur verre en son honneur, qu'ils la félicitent d'exister, il fallait la célébrer plutôt que de demander qu'on l'accepte, de corriger des clichés et de démentir des rumeurs et des légendes* » (p. 57). Non sans emphase, le récit résonne avec l'intrigue de *L'Homme sans qualités*, grand classique d'un autre Autrichien, Robert Musil, cité explicitement vers la fin du livre de Menasse ; Musil y évoquait le projet d'« *année jubilaire* » en hommage à l'empereur François-Joseph, qui coïncida en fait avec l'effondrement de l'Autriche-Hongrie.

Avec *Le Continent de la douceur* (Gallimard), Aurélien Bellanger recourt à la forme du conte dans le but d'enchanter le récit des crises européennes. À l'instar de la Syldavie dans le *Sceptre d'Ottokar* d'Hergé (ou des « *romances ruritaniennes* » qui sont sa véritable inspiration), il met en scène une principauté fictive située quelque part dans les Balkans, le Karst, d'où il rejoue l'histoire des décennies de construction de l'UE, croisant sans cesse la véracité de l'histoire européenne et le souffle de la fiction. Au cœur du livre, les espoirs portés par le jeune Flavio, confronté à l'amenuisement de l'idéal européen. En 1992, l'adolescent se passionne pour les débats sur le traité de Maastricht : « *Cela faisait plus de trente ans, depuis le traité de Rome, qu'on regardait le vide, en le remplissant à peine, pour se rassurer, d'un filet technocratique. Mais le filet s'était lentement distordu, les institutions avaient pris le visage de la Commission, entité puissante, fantômale et hantée, comme quand le chevalier du vitrail du* Secret de la pyramide, *un film sur la jeunesse de Sherlock Holmes que Flavio avait beaucoup aimé, s'était lentement détaché du grillage en plomb qui le retenait prisonnier* » (p. 148).

Laurent Gaudé, lui, a publié un « *récit poétique* » en vers libres, *Nous, l'Europe, banquet des peuples* (Actes Sud), lauréat en fin d'année du prix du Livre européen : une épopée qui balaie l'histoire européenne depuis 1848 (colonisation, nazisme, pères fondateurs de l'Europe, etc.), avec l'ambition un peu vaine de doter le continent d'un récit commun. « *Depuis quand l'Europe a-t-elle perdu le sommeil ?/Quand a-t-elle commencé à tendre l'oreille ?/Depuis quand est-elle inquiète,/sujette aux cauchemars ?* », s'interroge le prix Goncourt 2004 (p. 59). Même si son texte n'est pas centré sur la figure de Bruxelles, l'écrivain Sébastien Fevry a publié un recueil de poésie, *Solitude Europe* (Cheyne, 2018), récit de voyages dans l'«*hémisphère Nord*» d'un continent rongé par l'isolement.

Sur un registre plus léger, *Les Compromis* (Rivages) est un polar coécrit par Maxime Rovère – aujourd'hui assistant d'une eurodéputée libérale – et Éric Cardere (un pseudonyme, parce qu'il travaille, lui aussi, dans l'institution), qui s'ouvre par la découverte du cadavre d'une élue écolo, gisant sur le sol du hall de l'Europarlement, morte alors qu'elle rédigeait une directive sur l'après-Dieselgate. Le texte cite Alain Finkielkraut en exergue, afin de mieux le contredire par la suite : «*Nul n'est prêt à mourir pour l'Europe.*» Dans le texte de Bellanger aussi, Flavio dit, vers la fin du livre : «*Tu viens pour me tuer. Tu voudrais te venger. Mais personne ne se tue plus depuis longtemps en Europe*» (p. 457).

Citons encore Jean-Philippe Toussaint, dont *La Clé USB* (Minuit) décrit le périple angoissé d'un fonctionnaire de la Commission, cible d'un lobbying chinois sur le *bitcoin*, et Emmanuelle Pireyre qui imagine, dans *Chimère* (L'Olivier), l'organisation d'une «*conférence de citoyens*» à l'échelle des vingt-huit, à la demande de la Commission, pour fêter les soixante ans du traité de Rome – le panel français tiré au sort écope du sujet ardu du «temps libre», en vue d'une présentation entre les murs du Berlaymont. Dans ce dernier texte, l'un des personnages secondaires, Richard, employé au service protocole de la Commission, est notamment victime de son prosélytisme pro-UE :

«*Les collègues de Richard au Berlaymont équipaient tous depuis longtemps berlines et SUV d'immatriculations belges, mais lui persistait à arborer les plaques bleues de l'Union, de telle sorte que sa voiture ne pouvait passer une nuit dehors sans finir lacérée, plissée, cambriolée*» (p. 145).

Au théâtre, il faut évoquer *I Am Europe*, mis en scène par l'Allemand Falk Richter, créé à Strasbourg au printemps 2019 puis montré à Avignon et Paris : un travail de collage réalisé par une troupe de huit jeunes Européens (comédiens, danseurs, performeurs ou écrivains) afin d'évoquer, dans une profusion de langues, la vitalité du projet européen – et d'alerter aussi sur les crises qui menacent d'engloutir l'Europe. En réponse au déficit d'incarnation de l'Europe technocratique, Richter choisit de montrer une somme d'expressions corporelles et de donner à entendre des souvenirs intimes, dont le beau récit documentaire de Tatjana Pessoa, issue de la famille de l'écrivain portugais et qui vit et travaille aujourd'hui en Belgique.

Signalons enfin la mise en scène de Julien Gosselin, *1993*, évocation du chantier du tunnel sous la Manche inauguré en 1994 sur un site qui deviendra, des années plus tard, celui de la «jungle» des migrants de Calais. À partir d'un texte écrit pour l'occasion par Aurélien Bellanger, *Eurodance* (2018, Gallimard), la pièce préfère, à *L'Ode à la joie*, hymne européen, les *beats sales* de 2 Unlimited, ce groupe néerlandais du début des années 1990 habitué des discothèques du continent et pionnier de ce genre musical douteux qu'est l'eurodance. Sur scène, Gosselin se demande comment des rêves de modernité et de paix « à l'européenne » ont débouché sur des poches d'archaïsme et de violence.

La représentation européenne

Des points communs affleurent d'un texte à l'autre : les traces des guerres dans l'ex-Yougoslavie (Richter, Bellanger, Gaudé), les méandres mémoriels de l'après-Auschwitz (Menasse, Gaudé), le fossé entre la machine et les citoyens (Menasse, Pireyre), la capture de la prise de décision par des intérêts privés (Menasse, Toussaint), l'indignation face à l'incapacité historique de l'UE à accueillir davantage de migrants (Gaudé, Menasse) ou encore l'influence en négatif des médias et des réseaux sociaux pour penser l'Europe (Richter, Menasse). Tous posent aussi une question de fond : l'imaginaire déprimé dans lequel baigne la politique européenne peut-il produire de la bonne littérature ? Et, revers de la médaille, ces textes peuvent-ils nous permettre de mieux voir et comprendre les rouages d'une machine opaque et lointaine ?

En mai 2018, l'architecte néerlandais Rem Koolhaas et le photographe allemand basé à Londres Wolfgang Tillmans s'étaient retrouvés lors d'un échange à Amsterdam dans le but d'exhorter les artistes du continent à réfléchir aux manières d'améliorer la représentation de l'Europe : « *Comment faire pour que l'UE soit reconnue par les citoyens comme une force du bien plutôt qu'une bureaucratie sans visage ?* », s'étaient-ils interrogés à quelques mois des élections européennes [1].

Les textes sur l'Europe publiés en 2019 restent à distance de cette approche, naïve et contre-productive, qui voudrait qu'une alliance « éclairée » entre artistes officiels et eurocrates soit à même de sauver la construction européenne. Mais beaucoup naissent d'une inquiétude partagée, la mort du projet européen. À l'image des huit comédiens chez Falk Richter, perchés chacun sur un cube de mousse et qui peinent à rester en équilibre, au bord de la chute pendant de longues minutes. Ce sont tous des textes pétris par la crise de 2008 et ses ondes de choc, des écrits souvent tétanisés, rédigés par des auteurs convaincus, en majorité, que l'UE a encore des choses à dire et à défendre, mais qu'elle risque de se dissoudre avant cela.

« *Je fais partie d'une génération pour qui l'Europe était une chose acquise*, expliquait Laurent Gaudé lors d'un débat parisien en novembre 2019. *Depuis quelques années, nous constatons que cette chose-là peut mourir, se déliter profondément ou entrer dans une phase d'agonie politique.* » Et de préciser : « *Il y a une forme de conscience, de la part de cette génération des quarantenaires, cinquantenaires, qu'il va falloir monter au créneau.* »

L'écrivain à la rescousse de l'UE ? La littérature comme résistance à l'effondrement du projet des pères fondateurs ? « *J'ai glissé une intuition à la fin du livre, qui m'est apparue pendant l'écriture*, se souvient, de son côté, Aurélien Bellanger, interrogé en vue de cet article. *C'était la crainte que cette chose survive, qu'elle se transforme en une structure vide, comme le Saint-Empire*

L'IMAGINAIRE DÉPRIMÉ DANS LEQUEL BAIGNE LA POLITIQUE EUROPÉENNE PEUT-IL PRODUIRE DE LA BONNE LITTÉRATURE ?

germanique, qui n'a été aboli qu'en 1806 par Napoléon, et qui a traversé les siècles, sans avoir aucune fonction. » Les discussions drôles et cinglantes sur les impasses de l'Europe mondialisée mises en scène par Jean-Charles Mass*éra* (*We Are l'Europe*, Verticales, 2009) semblent désormais lointaines. Les points de vue sont plus tendres et souvent plus convenus.

« CE QUI NOUS MENACE, CE N'EST PAS QUE L'EUROPE SOIT EN CRISE, MAIS QU'ELLE SOIT À PRÉSENT ACHEVÉE. »

Prié de dire si son *Continent de la douceur* est un texte proeuropéen, Bellanger, né en 1980, répond par un détour, insistant sur la rupture de 2005 : « *Mon adhésion à l'Europe a été livrée avec mon éducation. Elle était liée à la génération et à la classe sociale dans laquelle je suis né. Cet européanisme très fort était véhiculé par mes parents et mes professeurs. Longtemps, cette adhésion n'a posé aucun doute. Le Traité constitutionnel européen [2] a marqué un tournant. La dynamique d'intégration s'est arrêtée là, en 2005. Ce qui nous menace aujourd'hui, ce n'est pas que l'Europe soit en crise, mais plutôt qu'elle soit à présent achevée. La construction européenne pourra faire comme la cité grecque dans quelques siècles, elle pourra s'effondrer, mais elle aura existé. Ce type d'alliance non impériale entre pays égaux en fait un objet d'étude politique pour des siècles. Est-ce que cela va encore marcher ? Je n'en ai aucune idée.* » Lui ne sait plus très bien s'il a voté en 2005. « *C'est un peu le moment où j'ai cessé d'avoir des opinions tranchées. C'est un peu le moment, peut-être, où, secrètement, je suis devenu romancier.* »

Pro-européens *vs.* populistes

Dans un entretien récent[3], Robert Menasse, qui avait déjà rédigé un essai sans nuance en forme de virulent plaidoyer pour l'UE (*Un messager pour l'Europe*, Buchet/Chastel, 2015), expose sa conviction : « *Si la démocratie communautaire ne fonctionne pas, c'est parce que nous défendons les démocraties nationales. Je défends à présent la démocratie européenne.* » Quant à Richter qui n'a, semble-t-il, pas montré son spectacle en Grèce, son constat est encore plus clair : « *Il y a une influence positive de l'Union européenne sur nos vies[4].* »

Alors que la construction européenne se fissure, l'essentiel de cette production littéraire reprend l'opposition entre pro-européens libéraux et dangereux populistes, celle-là même qui a structuré le débat politique au cours de la campagne des Européennes de 2019 au profit d'Emmanuel Macron et au risque d'effacer les alternatives critiques à l'UE. C'est l'une des surprises qui attend le lecteur : tout se passe comme si le passage à la littérature, dans la plupart des cas, ne parvenait pas à complexifier les récits dominants et ultra-simplificateurs sur l'Europe, tels qu'ils se donnent dans les champs journalistique ou politique.

I Am Europe en apporte sans doute le témoignage le plus cru. Richter montre sur scène un panel de jeunes Européens, la plupart engagés et combatifs, inquiets du legs du passé colonial des anciennes puissances européennes, mais tous dans une attitude bienveillante vis-à-vis du projet européen, comme le montre par exemple l'emballante chorégraphie de *J'aime la vie*, seule victoire belge à l'Eurovision, en 1986, par Sandra Kim.

Il évacue du plateau le corps et la parole de ceux qui pourraient être tentés par l'extrême droite allemande ou flamande : les adversaires n'apparaissent que sur des écrans vidéos ou par l'intervention de réseaux sociaux. «*Nous sommes en train de vivre un vrai combat culturel en Europe*», expliquait encore Richter au printemps 2019, convaincu que «*la France est aujourd'hui à l'avant-garde de la politique [européenne et que] Macron est le seul dirigeant fort qui soutienne l'UE*».

« NOUS VIVONS UN VÉRITABLE COMBAT CULTUREL EN EUROPE. »

Chez Bellanger, le roman se structure aussi en partie autour de l'opposition entre des partisans du dépassement de l'État-nation et des défenseurs du retour au national, en particulier le jeu de miroirs entre Flavio, devenu scientifique en mission dans les forêts d'Europe pour le compte de la Commission, et Olivier, qui reprend des discours de tenants de l'«eurasisme» dans sa version d'extrême droite relayée par Moscou. Mais l'entreprise est plus touffue et complexe, à l'image du traitement ironique du personnage dénommé QPS, double de Bernard-Henri Lévy – aux côtés d'avatars de Thomas Piketty ou Pierre Rabhi –, l'homme qui s'est imposé en figure de proue du camp

libéral pro-européen au printemps 2019, à travers un *one-man-show* douteux, intitulé *Looking for Europe*, qu'il a joué sur tout le continent[5].

Bellanger se moque du manque de courage du clone de BHL dans des moments d'accélération de l'histoire européenne, comme de son ego démesuré, lui qui «*visait encore le Nobel – paix ou littérature, il aimait hésiter secrètement entre les deux, avant que son téméraire soutien à l'intervention en Irak ne le mette au-dessus de ce genre de contingences*». Il en fait un personnage suranné dont les convictions, atlantistes comme fédéralistes, seraient dépassées. Mais la critique est douce : il ne s'agit jamais de réfuter sur le fond les idées de BHL. Au contraire, le texte se nourrit des affrontements souterrains entre atlantisme et eurasisme. À sa manière, luxuriante et séduisante, Bellanger cultive une approche binaire de la politique européenne, qui appauvrit les débats sur l'UE sans apporter grand-chose de neuf sur le fond du dossier.

Le texte de Robert Menasse, qui a passé plus d'un an en résidence dans la capitale belge, est sans doute de loin le plus documenté et le plus fin lorsqu'il s'agit d'exposer les rouages des institutions. *La Capitale* décrit les jeux d'influence entre les directions générales de la Commission (la DG Agri toute puissante, la DG Culture insignifiante), le poids des lobbies de l'agriculture intensive au sein du Parti populaire européen (le PPE est le premier parti représenté au Parlement de Strasbourg), la pauvreté des débats au sein de certains *think-tanks* «pro-européens» incapables de penser en dehors de leur zone de confort bruxelloise ou encore les jeux à trois bandes entre la Commission et le Conseil (l'institution relayant l'avis des capitales à Bruxelles) afin d'enterrer un projet trop ambitieux pour l'UE.

Si la plupart des textes évoqués plus haut mettent en scène les stratégies de communication de la Commission, confrontée à une opinion publique sceptique, voire hostile dans certains pays, ils sont peu très nombreux à s'intéresser aux causes du désamour. Par exemple à l'élaboration des recommandations économiques de l'exécutif bruxellois – pourtant l'un des socles de l'institution, chargée de coordonner les politiques budgétaires des États membres dans le cadre du « semestre européen », au risque de renforcer les politiques d'austérité sur le terrain ou encore de négocier, pour le compte des capitales, des traités de libre-échange de plus en plus contestés par les populations. La plupart des œuvres citées plus haut semblent inachevées, s'alarmant des risques posés par des forces populistes anti-UE sans presque jamais s'interroger sur les racines de cette colère populaire.

À la recherche d'une narration

De ce point de vue, le texte de Menasse est une exception. Lui aussi reprend à son compte la dichotomie paresseuse entre forces pro- et anti-UE pour organiser son récit : un fonctionnaire tchèque de la Commission refuse par exemple d'assister au mariage de sa sœur à Prague, qui se marie avec un « fasciste ». Mais l'écrivain autrichien décrit aussi les failles de la politique commerciale de l'UE, grâce à l'un des personnages de son récit choral, un Allemand dénommé Kai-Uwe Frigge, directeur de cabinet à la toute-puissante DG commerce – quitte à faire basculer son texte dans un roman à thèse un peu mécanique, où chaque personnage ne sert qu'à incarner une idée ou une critique faite à l'Europe. Son texte gagne en justesse ce qu'il perd en plaisir de lecture.

Bellanger, lui, ne s'est pas rendu à Bruxelles afin d'écrire sur l'Europe. « *Je n'avais pas besoin d'aller voir comment c'était*, assure-t-il. *Parce que j'avais lu les* Mémoires *de Jean Monnet, et ses fantasmes sont plus explicites que toute réalité de terrain. Le type est convaincu qu'il va refermer le cycle politique ouvert par Machiavel, réintroduire le paradigme des bons échanges commerciaux, réapprendre le dialogue à des gens qui faisaient la guerre… De la part d'un commerçant devenu banquier, ce projet relève profondément du merveilleux. La construction européenne, c'est du merveilleux politique, comme l'était un peu l'Élysée dans mon précédent livre sur le Grand Paris. Je n'avais pas besoin de com-*

LA DICHOTOMIE PARESSEUSE ENTRE FORCES PRO- ET ANTI-UE ORGANISE LE RÉCIT.

prendre l'Élysée, j'avais besoin d'un château doré avec des hommes bien habillés. Le Bruxelles que j'ai imaginé, c'est le cliché du gouvernement des experts, avec des gens qui se pensent dotés d'une sagesse remarquable. »

L'ambition, chez Bellanger, de tisser merveilleux et sordide, pur et impur, n'est pas sans rappeler la trilogie sur la crise portugaise du cinéaste Miguel Gomes, *Les Mille et Une Nuits*. Ces trois films, sortis en salles en 2015 (*L'Inquiet*, *Le Désolé* et *L'Enchanté*), s'inspiraient de Shéhérazade et Sindbad pour raconter les effets de l'intervention de la Troïka (Commission, BCE et FMI) dans son pays. Mais le travail de Gomes, qui a d'abord collecté, avec l'aide de journalistes, des histoires de faits divers déroulés au Portugal durant les années de crise, débouchait sur l'invention d'un type neuf de récit de l'Europe, avec sa manière souple de faire se côtoyer des registres de réalité et de merveilleux, d'ordinaire et d'extraordinaire [6].

En 2013, le même Gomes avait réalisé *Rédemption*, un court-métrage fascinant qui plongeait dans les mémoires d'enfance de dirigeants européens devenus les chantres de l'austérité, d'Angela Merkel à Silvio Berlusconi, à travers un montage de vraies fausses archives en super 8 et/ou noir et blanc. La mélancolie à l'écran se nourrissait, chez ces chefs de gouvernement, d'une nostalgie de l'empire colonial, qui se propageait doucement. Loin des vieilles oppositions politiques mécaniques rejouées par beaucoup des textes sur l'UE publiés cette année de la France à l'Autriche en passant par l'Allemagne, loin des références obligées et poussiéreuses à des pères fondateurs en bout de course, il y a quelque chose de joyeux à constater que c'est depuis le sud de l'Europe, là où la crise fut la plus rude, que s'inventent aussi les formes narratives les plus emballantes pour décrire les rouages d'un continent en suspens.

1. N. Siegal, «The European Union is under threat. Artists say it's time to Rebrand », *New York Times*, 29 mai 2018, <www.nytimes.com/2018/05/29/arts/design/europe-rebranding-wolfgang-tillmans-rem-koolhaas.html>.
2. Le TCE a été rejeté par référendum en France en 2005.

3. Entretien à *En attendant Nadeau*, 12 mars 2019, <www.en-attendant-nadeau.fr/2019/03/12/entretien-robert-menasse/>.
4. Entretien à *Transfuge*, p. 90-95, <www.transfuge.fr/remous-il-y-a-une-influence-positive-de-l-union-europeenne-sur-nos-vies, 1140.html>.

5. L. Lamant, «Bernard-Henri Lévy en campagne pour Manuel Valls, dans une Barcelone devenue la " capitale du populisme "», Mediapart, 26 mars 2019.
6. E. Burdeau, «Miguel Gomes, notre bon génie», Mediapart, 21 mai 2015.

STRIP TEASE OU
LA SOCIÉTÉ DU SPECTACLE

Le documentaire
est un sport de combat

PAR **Isabelle SYLVESTRE**

Strip Tease, c'est vingt-cinq ans de documentaires sociologiques, huit cent cinquante films réalisés entre 1985 et 2012, un miroir ethnographique de la société, jusque dans ses moindres détails. L'émission reflète le lent travail de déréliction du lien social et le passage à un individualisme forcené imposés par le néolibéralisme et portés par la télévision elle-même. *Strip Tease* n'est pas un spectacle, mais une critique acerbe du spectacle. Du moins à ses débuts. En Belgique, puis en France, une majorité de films avait pour objet – même en filigrane – la critique des rapports de domination. Et ils allaient, bien au-delà de l'image spéculaire, s'immiscer dans les interstices de la réalité quotidienne et faire traverser l'écran aux téléspectateurs et téléspectatrices, les intégrer dans les rapports de forces, les rendre « critiques ». Ce qui n'est pas du goût de la télévision, bien au contraire !

Pourtant, en tant que créateurs et créatrices de cette émission culte, nous pouvons légitimement nous interroger : sommes-nous passés de la critique de la société du spectacle… au spectacle lui-même ? Y a-t-il eu un glissement sémantique, artistique, technique, politique, au cours des décennies de réalisation des films de *Strip Tease* ?

C'est une question,
pas une affirmation.

Saisir sur le vif « *le vivant de la vie* »

Quand je suis entrée pour la première fois dans les bureaux de l'émission culte, j'y fus accueillie en tout simplicité. D'abord par un éclat de rire partagé entre deux jeunes réalisateurs, qui allaient devenir mes camarades et qui avaient l'air de bien se poiler, Pierre (Carles) et Didier (Lannoy). Ça commençait bien ! Puis par un éloge du cinéma direct québécois des années 1970 déclamé par le producteur, Jean Libon, air malicieux en toutes circonstances et petites lunettes rondes d'étudiant attardé posées sur le nez. Montréalaise et petite-nièce de cinéastes du direct, j'en fus évidemment flattée.

En tout cas, je comprends vite que le cinéma vérité est la bible[1] de *Strip Tease* et qu'aucun réalisateur ne doit déroger à la règle, sous peine de décrédibiliser l'ensemble de l'émission en la faisant passer pour un montage de fausses mises en scènes. Non ! Je le dis une bonne fois pour toutes : rien n'est mis en scène lors des tournages, les gens savent qu'ils sont filmés et la caméra n'est jamais sur pied mais à l'épaule du chef opérateur. Tout est fait pour saisir sur le vif « *le vivant de la vie* » (Debord). Voilà qui est dit.

Le cinéma direct est un garde-fou efficace. Avec la caméra mobile qui peut s'avancer au milieu de l'action, les réalisateurs et réalisatrices, les techniciens et techniciennes se lovent dans le ventre du monde, au cœur des vies minuscules[2] – véritables hologrammes de la société –, captant les plus infimes rapports sociaux, de la violence à l'amour.

AVEC LA CAMÉRA MOBILE, NOUS NOUS LOVONS DANS LE VENTRE DU MONDE, AU CŒUR DES VIES MINUSCULES ET CAPTONS LES PLUS INFIMES RAPPORTS SOCIAUX.

La petite équipe de *Strip Tease* reste longtemps avec les gens, c'est le secret. Parfois une année entière. Nous parlons avec eux plus que nous les filmons. Un échange s'opère. Avec beaucoup de générosité, ils nous offrent leur image, des fragments de leur vie ; en retour, nous tentons de nous faire l'écho de leurs émotions, de ce qu'ils veulent dire. Nous

sommes avec eux… dans le salon de *monsieur le bourgmestre* de Bruxelles, où il est étendu de tout son long sur le canapé[3]… dans l'atelier de confection de l'usine *MaryFlo*, auprès des ouvrières qui subissent, non sans finir par se révolter, le harcèlement d'un petit chef pervers-narcissique[4]… dans la cuisine d'un vieux couple, qui avoue avoir préféré leurs chiens, désormais empaillés, et leurs multiples soirées dansantes… à leurs enfants, qui ont finit par tuer les chiens[5]… dans une soucoupe volante en construction, qui permet d'échapper à l'emprise d'une mère trop présente, mais si aimante[6]. Nous sommes dans leur univers et recueillons leurs confidences, parfois pas très belles, les échangeant en *off* avec les nôtres. Le cinéma direct pénètre au cœur de ces confrontations. L'œil de la caméra est au juste centre du maelstrom.

Maintenant, tout n'est pas si simple. Dans la vie comme dans *Strip Tease*, les rapports de forces côtoient la tendresse, la fragilité, le désarroi, la souffrance, parfois aussi la joie. Et tout s'entremêle. L'histoire de cette émission est trempée dans un jeu compliqué entre miroir et critique. *Strip Tease* flirte avec l'un et l'autre. Chaque tournage, chaque sujet, chaque personnage, soulève des questions éthiques sur la réalisation d'un film, sur ces enchevêtrements de petites histoires et de grandes problématiques. C'est le lot des réalisateurs et réalisatrices de *Strip Tease*, sous le regard très acéré, très ironique des producteurs. Et parfois, c'est loupé. La ligne est franchie, le film bascule, le miroir se brise.

L'humour, ou la « *politesse du désespoir* »

Dans son bref essai de 1996 *Sur la télévision*, Pierre Bourdieu mobilise le concept de « *violence symbolique* » afin d'expliquer de quelle manière la télévision de masse cache ses propres mécanismes de violence. Et selon lui, les créateurs et créatrices de contenus peuvent devenir des manipulateurs manipulés à leur tour par le système télévisuel lui-même. Mais est-ce vrai de *Strip Tease* ?

Au cours de certains tournages, des collègues réalisatrices et réalisateurs sont pris d'un doute. Nous discutons souvent de nos sujets. Nous questionnons notre méthode, cette marche sur une fine ligne avec, au cœur, l'angoisse de blesser quelqu'un. La caméra est comme la loupe du chercheur. Elle peut avoir pour effet de surligner un comportement. Et d'autre part, les personnes filmées peuvent intensifier leurs réactions, gestes, paroles, sous le regard observateur des réalisateurs conjugué à l'œil de la caméra qui les suit. Comment donc aller le plus loin possible dans le miroitement de la société et de ses travers sans jamais franchir le Rubicon du voyeurisme et, par là, déprécier tout le propos d'un film ? Au montage, des discussions infinies, et parfois houleuses, nous animent. La dent de *Strip Tease* peut devenir trop tranchante et métamorphoser un personnage ambigu en véritable loup pervers ou en triple idiot. Si l'empathie est évacuée, le film dérape. En revanche, c'est bien cette ironie cinglante qui fait des films les plus réussis de véritables petits bijoux. « *L'humour* – le vrai ! – *est la politesse du désespoir* » (Chris Marker). En fin de compte, avec *Strip Tease*, nous sommes souvent à la limite du désespoir, mais il reste toujours de l'espoir, même dans les situations les plus sombres.

Docteur Lulu[7] rêvait d'être médecin. « *S'il n'a pas fait la fac* », il a lu le Larousse « *de l'enfance jusqu'au cancer* », et s'applique avec une infinie tendresse à soigner ses camarades SDF grâce à des antibiotiques… qu'il n'interdit pas de prendre avec du gros rouge ! Dans sa petite masure parisienne, Dr Lulu examine la radiographie des poumons de son ami :

> **Dr Lulu :** « *Il y a quelque chose qui ne va pas à ton épaule là, elle est déboîtée… Quand tu étais petit est-ce que tu avais des ennuis, quand tu étais petit ?* »
>
> **L'ami :** « *Non, pas vraiment, je courais sans arrêt.* »
>
> **Dr Lulu :** « *Je ne sais pas si tu me dis la vérité.* »
>
> **L'ami (goguenard) :** « *Quand j'étais petit, j'étais pas grand, mais je courais sans arrêt.* »
>
> **Dr Lulu :** « *Tu n'as pas eu la polio ?* »
>
> **L'ami :** « *Dans mon temps ça n'existait pas la polio.* »
>
> **Dr Lulu :** « *Alors tu veux me dire pourquoi tu as un os plus petit que l'autre ?* »
>
> **L'ami :** « *Je ne sais pas.* »
>
> **Dr Lulu :** « *Tu as la polio. En plus, il y a autre chose de plus grave, j'en suis certain.* »
>
> **L'ami :** « *Ah bon, je vais boire un coup avant, hein ?* »
>
> **Dr Lulu (affligé) :** « *Ben t'es pas gâté toi dis donc…* »

Pour vous rassurer sur cet échange sur-réaliste, l'ami SDF n'avait pas le cancer suspecté, mais une bronchite chronique, que le vrai médecin recommandait tout de même au Dr Lulu de bien soigner. Ouf !

Ici, Mathieu Ortlieb montre avec beaucoup de délicatesse les inquiétudes réelles de ce pseudo-médecin pour ses amis « souffrants ». Tout le propos est là, dans le sous-texte du film qui dévoile la misère et le froid, lesquels, eux, rendent réellement malade, mais aussi comment les humains prennent soin les uns des autres, même aux limites de la folie douce, même dans des situations de grande précarité. Et la joliesse du geste éclipse de loin toute forme de voyeurisme télérituel.

À *Strip Tease*, nous pensions qu'afin d'éviter que la Belle au bois dormant ne sombre dans la léthargie de l'histoire à tout jamais, et surtout afin qu'elle se réveille, il fallait administrer des petits chocs. Le miroir télévisuel devait aussi renvoyer le reflet de la laide et méchante sorcière. Car ces reflets contraires – et pourtant pas contradictoires – coexistent *naturellement* dans la vie. Et souvent des situations semblant *a priori* complètement surréalistes, et parfois cruelles, surgissaient d'elles-mêmes sous l'œil de nos caméras, comme des petits claquements.

La Grande Lessive[8] de Didier Lannoy est anthologique ! C'est l'un des tout premiers films de la série. Tourné dans une laverie de Bruxelles, il s'ouvre sur un montage lyrique et délirant d'images, de musique et de sons – cliquetis quasi musicaux des machines à laver –, sans aucune parole. Pendant plus de trois minutes, nous prenons le temps de découvrir la *mécanique* de la laverie. Totalement *a-télévisuel* ! Puis des bribes de discussions entre les clientes pendant que les machines tournent : « *C'est gai être pensionnée hein, mais alors on a son mari dans ses pieds tous les jours.* » Et entre les banalités importantes de la vie quotidienne, cet échange grinçant, comme si de rien n'était :

> « *Et elle me dit : "Je suis Belge moi !"*
> *Je lui réponds : "Ah oui ? Et pourquoi tu as la peau noire alors ?" C'est vrai quoi, je lui donne de bons conseils et je me fais engueuler ! Je lui ai dit :*
> *"Retournez dans votre pays !"* »
> « *Elle a dit ça ?* »
> « *Non, c'est moi qui l'ai dit.* »
> « *À qui ?* »
> « *Ben à la bougnoule, tiens. À qui voulais-tu que je le dise ? À toi ? T'as quand même pas la peau noire, toi !* »
> « *C'est mieux de rien dire.* »
> « *Je lui ai dit : "Mets-toi dans la machine à laver avec l'eau de Javel, comme ça t'auras la peau blanche !"* »

Puis retour aux banalités quotidienne de la vie : « *Moi, où j'habite, on a volé dans ma cave. Les cannes à pêche de mon mari [petit rire]. Encore une chance, j'ai une assurance vol, alors j'ai touché vingt mille francs !* » Une dame au grand chapeau glousse d'admiration moqueuse.

Plus d'un réalisateur a été surpris par des situations où s'entremêlaient des propos cruels et naïfs à la fois, des discussions surréelles, moments magiques du documentaire qui surgissent en plein tournage et font le sel d'un bon film. La recette de *Strip Tease* tient à cette bascule entre les cadres symboliques de la soi-disant norme et le fantastique de ces petits moments de tous les jours, de ces revirements de la vie. Et dans l'habileté des réalisateurs et réalisatrices à les capter, même si c'est choquant. Puis les doutes s'effacent devant la magie – et souvent la beauté – de ces petits riens « michonesques », de ces pépites de vies minuscules qu'un œil avisé, qu'une oreille attentive, qu'un artiste plein de désirs croquent pour en faire une œuvre.

Un miroir, un gros plan, *Martha*, quatre-vingt-treize ans, se maquille seule. Elle est silencieuse durant tout le film[9]. Comment mieux dire la solitude de la femme qui vieillit et la beauté du geste de cette vieillesse qui insiste ? Parfois la tendresse du regard de la réalisatrice ou du réalisateur face à la détresse des personnages, mais aussi face à leur acharnement à pouvoir exister malgré la violence du système et de la vie, est telle que l'on est ému aux larmes.

L'une des scènes les plus émouvantes que j'ai tournées se passe dans une cuisine[10]. Autour d'une table étroite, une famille. Sous une cloche en faux argent, soulevée par le très jeune père, il n'y a que des frites à manger. Après avoir filmé cette terrible scène, Jean-François Boucher, l'excellent chef opérateur de *Strip Tease*, qui en a vu d'autres, va s'asseoir dans la pièce à côté. Ses yeux s'emplissent de larmes. Je l'entends murmurer : « *Zola n'est pas mort, Zola n'est pas mort.* » Mon cœur se serre.

Le miroir de la cité

Parfois, la réalité se (re)fait politique et *Strip Tease* n'hésite pas alors à mettre au jour la dureté, voire la cruauté du système capitaliste et des rapports de domination. Dans *Frédéric broie du noir* (Isabelle Sylvestre, 2001), qui a provoqué une explosion de colère en Belgique et en France, un dandy richissime et « *fin de race* », tel qu'il se définit lui-même, commet un véritable suicide télévisuel sous mes yeux, « *disant tout haut ce que bien d'autres de sa classe pensent tout bas* » – c'est ce qu'il me confie.

On le voit toquant à la porte d'un appartement délabré de l'immeuble pourri qu'il a acheté à bas coût afin de le reconvertir en lofts (c'était le début de cette mode immobilière qui allait

LA RECETTE DE *STRIP TEASE* TIENT À CETTE BASCULE ENTRE LA NORME ET LE FANTASTIQUE DE CES PETITS MOMENTS DE TOUS LES JOURS.

profiter aux riches investisseurs). Il avertit les familles d'immigrés qu'elles vont être expulsées sous peu. Il ne prend pas de gants, ses propos sont vicieux mais, en filigrane, il compatit avec elles. C'est très étrange et, surtout, aux antipodes du manichéisme de la téléréalité. Il le fait même exprès sous l'œil de ma caméra, comme pour dire : « *Voyez comment nous, les ultrariches, sommes cruels et sans cœur face à la plèbe et à sa misère, voyez comme nous sommes de vrais salauds désabusés. Oui, vous avez raison, c'est ça que nous sommes !* » À l'inverse, dans une autre séquence, Frédéric se moque du racisme d'une dame de la haute d'Uccle, un quartier chic de Bruxelles, où il est venu acheter une maison « *pour fuir le fisc français* », comme il dit, sans gêne, à la propriétaire des lieux.

Elle (avec le ton mielleux de la complicité de classe) : « *Vous verrez, ici, c'est un beau quartier. C'est bien habité. J'ai même dans ma patientèle le fils de l'ambassadeur du Congo et toute sa famille. Bon, ils font quand même du feu au milieu du salon et ils font dessaler le poisson dans la baignoire !* »

Frédéric (avec une ironie diabolique) : « *Comme je vous comprends, madame ! J'ai moi-même des immeubles entiers à Paris remplis de Noirs et d'Arabes. Qu'ils se prosternent à genoux devant Allah, je m'en fous ! Mais pendant leurs fêtes, ils égorgent des centaines de moutons dans mes baignoires, le sang coule et bouche tous mes tuyaux. Vous savez, madame, j'ai des moutons qui m'ont coûté des millions !* »

Fin de la séquence. À la suite d'une première diffusion, de vives polémiques éclatent. Ladite propriétaire belge nous menace de poursuites, tout comme la Grande Mosquée de Paris qui s'insurge contre la diffusion d'insultes islamophobes à la télé. Et les téléspectateurs expriment leur colère face à la violence de Frédéric et à l'expulsion des familles – c'est une des premières fois que l'on voit cela sur le petit écran. À France 3, le téléphone ne cesse de sonner. La seconde diffusion, prévue le lendemain, sera interdite par la chaîne. Mais au moins, ç'a été vu !

L'excellent *Tiens ta droite* régurgite le même discours raciste, blanc, machiste, mais cette fois-ci, les propos viennent du bas de l'échelle[11]. La même réalité traverse toutes les classes sociales. Cependant si l'on regarde attentivement ces films, on voit très bien que ce sont Frédéric et les siens qui instillent le poison du racisme dans le discours social. Il le dit lui-même et il s'en moque, comme s'il voulait expurger la honte de ce que sa classe fait subir aux autres.

La série devient culte parce qu'elle tend un miroir à l'ensemble de la société et des problématiques contemporaines. Des gens de tous horizons, de toutes classes, regardent *Strip Tease* avec avidité. Chacun se positionne différemment sur l'échelle des valeurs, évidemment. D'ailleurs, je rétorque souvent à la bien-pensance de ceux qui accusent *Strip Tease* de « *ridiculiser facilement les gens* » qu'ils se placent donc eux-mêmes au-dessus des autres. Chacun voit midi à sa porte ! Est-ce vraiment le regard porté par *Strip*

SI LE MONDE TEL QUE LE MONTRE *STRIP TEASE* EST AUSSI CRUEL, C'EST BIEN PARCE QUE LA GAUCHE S'EST VENDUE À LA DROITE.

Tease sur la société qui est dur ? N'est-ce pas tout simplement le monde, même à notre porte, qui charrie cette violence ? L'émission suit son cours et plonge avec vigueur dans la lutte des classes.

« *Les cheveux doivent être courts et ne pas dépasser de plus d'un centimètre et demi. [...] Vous verrez, il y en aura d'autres [de consignes], les bijoux, etc. On vous donnera quelques jours pour vous adapter.* » Une voix féminine hors-champ demande : « *Et si on ne veut pas ?* » La réplique du « *formateur* » de Domino's Pizza est immédiate : « *Ah, on est inflexibles. Si tu veux pas suivre la norme, vaut mieux qu'on arrête. C'est pas les employés qui vont changer la norme. On a cinquante mille personnes qui travaillent pour Domino's, c'est clair que la norme on peut pas la changer. C'est à toi de [te] changer à la norme. Sinon, tu ne pourras pas travailler avec nous. [...] C'est pour le bien-être de tout le monde. C'est pour qu'on soit tous pareils, qu'un livreur à Paris soit le même qu'à Strasbourg, Waterloo ou qu'à Wimbledon ou dans le Michigan. Tout le monde est pareil, on est tous égaux. Moi, je respecte la norme, tu respectes la norme, tout le monde est bien. Hein ? Pourquoi, tu as un problème avec la norme ?* » La future livreuse répond un timide : « *Non, non...* », mais reste dubitative. « *De toute façon, McDo a les mêmes consignes que nous* [12]. »

Strip Tease, qui n'a de cesse de fustiger la domination des patrons, montre de façon visionnaire l'ubérisation du marché du travail, l'exploitation des précarisés du système,

la société de surconsommation et les diverses formes de dépendances qui renvoient des gens démunis et isolés vers l'extrême droite ou la religion, dans une société de plus en plus individualiste et économiquement violente. Pourtant, pas de larmoiement militant ! La critique *Strip Tease* s'adresse à tous, car si le monde est aussi cruel et destructeur, c'est bien parce qu'au moment où l'émission commençait, au mitant des années 1980, la gauche s'est vendue à la droite. Là-dessus, Jean Libon est sans concession. Il ironise d'ailleurs régulièrement sur mon penchant pour les activistes (de gauche).

Et *Strip Tease* sait se moquer sévèrement de tous les bords politiques ! Comme dans *Une délégation de très haut niveau* [13] où l'on suit une députation belge multipartite en visite en Corée du Nord. Si elle est au départ animée par la volonté de dénoncer la misère du communisme à la nord-coréenne, l'équipée de députés se trouve rapidement prise dans les filets des guides officiels qui les baladent partout, sauf là où il y aurait à voir, par exemple sur les marchés où, sous les étals, des gens meurent de faim – une image furtive et très forte, comme une piqûre de vérité, au tout début du film. Progressivement, on patauge avec les députés dans un bain d'humour noir. Au cœur du film, visiblement éméchés par un saké coréen, les élus chantent *L'Internationale* avec leurs guides, le poing levé au ciel sur une plage déserte. Le Parlement belge en fut secoué.

Et puis *Strip Tease* revient à la poésie du monde et à ses (dé)tours surréalistes et vachement drôles que nous avons tous connus. Dans *Au pays des merveilles*[14], deux laveurs de vitres s'achètent un ordinateur et tentent de le faire fonctionner. Ils appellent pour la énième fois un technicien et réussissent enfin à le joindre.

Le technicien (au téléphone) :
«*Fermez la fenêtre.*»
Eux : «*Ok, ben on va la fermer la fenêtre* (clic). *Elle veut pas se fermer* (clic). *Pff, elle veut pas se fermer monsieur.*»
Le technicien : «*Mettez la souris sur la croix en haut à droite.*»
Eux : «*Sur la croix, oui en haut à droite.*»
Le technicien : «*Cliquez sur le clic gauche.*»
Eux : «(clic) *Voilà.*»
Le technicien : «*Donc là elle est fermée ?*»
Eux : «*Non attendez là, c'est en train de tourner... Faut encore clignoter là ?*»
Le technicien :
«*Il y a une croix en haut à droite.*»
Eux : «*Oui, ben sur la croix j'ai mis une flèche et c'est marqué "fermer".*»
Le technicien : «*Et maintenant cliquez sur le bouton.*»
Eux : «(clic)... *Appuyez sur le bouton, appuyez sur le bouton... Quel bouton ?*»
Le technicien : «*Je ne sais pas Monsieur, il y en a beaucoup.*»
Eux : «*Oui y'en a cinquante de boutons !*»

Qui peut dire qu'il n'a pas connu les méandres du système virtuel et de son administration ? Ici, Marie Ka nous met tous face à notre propre impuissance de néophytes quand les nouvelles technologies font leur entrée en force dans nos vies, alors que le monde bascule dans les services dépersonnalisés du conseil à distance. La réalisatrice, filmant de très près le désarroi des deux petits entrepreneurs «*qui veulent faire un site Internet*» sans savoir comment allumer leur ordinateur, nous renvoie aux nouvelles manipulations du système. Nous sommes tous désormais manipulés à distance – y compris nous, les créateurs et créatrices du spectacle.

En vérité, *Strip Tease* avertit en critiquant un système de plus en plus inhumain, froid, avec en fond le bourdon incessant de la télévision dans les salons, les cafés, partout où l'on voit à travers l'outil du spectacle – la télévision – que c'est cet outil même qui permet de décérébrer la «masse».

Pression du PAF pour «*temps de cerveau disponible*»

Puisque nous avons commencé avec lui, revenons à lui. Et empruntons facilement à Wikipédia : «*Selon Debord, le spectacle est le stade achevé du capitalisme, il est un pendant concret de l'organisation de la marchandise. Le spectacle est une idéologie économique, en ce sens que la société contemporaine légitime l'universalité d'une vision unique de la vie, en l'imposant aux sens et à la conscience de tous, via une sphère de manifestations audiovisuelles, bureaucratiques, politiques et économiques, toutes solidaires les unes des autres. Ceci, afin de maintenir la reproduction du pouvoir et de l'aliénation : la perte du vivant de la vie.*»

Au mitan des années 2000, la pression du PAF (paysage audiovisuel français) sur le modèle de *Strip Tease* se fait lourde. La critique sociale n'est plus la bienvenue. Chaque rencontre entre les producteurs de *l'émission pas sage* et les patronnes de France 3 donne lieu à l'expression de leur volonté de mainmise sur les sujets. Il faut abaisser toute forme de réflexion, dépeindre *joliment* la société, faire rire *potache*, bref, ne plus soulever de lièvres. Mais nous résistons. Certains films «*politiquement incorrects*» passent encore entre les mailles du filet.

AU MITAN DES ANNÉES 2000, LA PRESSION DU PAF SE FAIT LOURDE. LA CRITIQUE SOCIALE N'EST PLUS LA BIENVENUE.

Pour un putain de champ de maïs[14] dévoile les essais OGM en plein champ, cachés par l'État français aux maires et aux habitants des communes où les plants sont introduits à leur insu... malgré la loi. À Solomiac, un maire tentera de résister. On le surnommera ensuite le Raimu du Gers. L'histoire se terminera en méga baston entre mille faucheurs volontaires, un préfet aux ordres et l'armée (!) venue prêter main forte aux centaines de policiers dans le but de protéger le champ d'essai de... Monsanto ! Soixante-douze blessés.

D'un hélicoptère, on tire sur le peuple des faucheurs venu protester. Ces militants la fleur au chapeau se prennent soudain des gaz lacrymogènes si forts que les chiens policiers en crèvent sur/dans le champ. «*Regarde, regarde, c'est l'hélicoptère qui les balance !*», crie un enfant en pleurs à sa maman au milieu des bruits d'explosion. Des bombes assourdissantes tombent du ciel. Et boum ! L'œil de *Strip Tease* capte la trajectoire d'un projectile. Inconstitutionnel ! Le débat au Sénat qui suit la diffusion sera chaud. Je ne réaliserai plus jamais de film pour *Strip Tease*. Mais les essais de maïs OGM dissimulés en plein champ sont stoppés.

Dans ces années post *nine/eleven*, il s'agit, aux yeux des diffuseurs de la télé *mainstream*, d'abaisser tous les niveaux critiques et analytiques du public, considéré comme une masse de consommateurs bêtes et infantiles, en réalisant des *produits* (plus des films) qui «*libèrent du temps de cerveau*» pour Coca-Cola et les sbires du CAC40. *Strip Tease* est ainsi priée de se mettre au pas. Le miroir doit désormais renvoyer une image *soft* du monde et, à l'instar de la nouvelle-née, la téléréalité, les diffuseurs attendent des réalisateurs et réalisatrices qu'ils enfoncent le clou d'un humour bête, jusqu'à ridiculiser les personnes filmées. L'indignité pénètre au cœur des émissions par la volonté de l'étouffoir médiatique qu'est devenu le service audiovisuel public aux ordres du marché. L'humour intelligent, celui qui pose des questions, n'a plus sa place sur les ondes. Peu à peu, des émissions et des animateurs et animatrices désobéissants et critiques sont évacués du PAF.

France 3 repousse l'émission en deuxième partie de soirée. Au moment où on leur remet un César pour l'ensemble de *Strip Tease*,

STRIP TEASE S'EST ÉVERTUÉE À DÉNONCER LES FÉODALITÉS CAPITALISTES EN LES TRAQUANT DANS LES DÉTAILS INFIMES DE LA MISÈRE INFLIGÉE AUX GENS.

les producteurs protestent parce que l'on ne sait plus où se trouve l'émission dans la grille des programmes. Évidemment, plus elle est diffusée tard, moins elle est regardée. *Strip Tease* perd de l'audience. *Il faut l'éliminer.* Tel est le credo des directeurs de chaînes qui veulent écraser toutes les volontés de critique du système et donc des patrons.

Une fin chaotique

Dernier épisode. Les règles du cinéma direct semblent valdinguer. Le personnage principal, un jeune agriculteur, alors tout à son désespoir d'avoir perdu celle dont il espérait vivement qu'elle devienne sa compagne, est filmé à travers une fenêtre par la caméra d'une réalisatrice impétrante – «à son insu», accusent les médias *mainstream*. Jean Libon réfute cet argument: «*Nous étions là tous les jours, ils savaient qu'ils étaient filmés!*» Mais le miroir est brisé, il vole en mille morceaux.

L'émission est peut-être devenue spectacle. Mais elle va être hypocritement exclue du PAF, qui se rachète d'un coup d'un seul une virginité éthique alors qu'y sont diffusées à la pelle des émissions de téléréalité aussi creuses qu'indignes. Jean Libon l'affirme, cet épisode n'est pas en cause, la chaîne avait déjà condamné *l'émission terrible* depuis 2010, bien avant que le sujet ne soit diffusé, en ne renouvelant pas la saison suivante. *Strip Tease* disparaît des ondes dans un silence assourdissant.

Nombreux sont ceux et celles qui ont longtemps cherché *leur* émission dans les programmes pendant les années qui ont suivi sa disparition cachée. En vain. Est-ce un signe des temps? Il est vrai que les lanceurs d'alerte n'ont pas bonne presse et que ceux et celles qui posent des questions épineuses et portent un regard trop critique, sans concession sur un système de dominations masquées (par les médias eux-mêmes), peuvent aller mourir, seuls, dans l'ombre.

Strip Tease, en général, s'est évertuée à dénoncer les féodalités capitalistes en les traquant jusqu'au tréfonds des toutes petites vies, dans les détails infimes de la misère infligée aux gens. Mais c'est aussi parce que nous avons filmé un regard qui appelle, un geste de désespoir, une volonté d'être reconnu et aimé, d'infimes combats afin d'exister aux yeux des autres, que *Strip Tease* reste dans les esprits. Et au cœur des révoltes actuelles, ceux et celles qui se joignent aux luttes contre les ravages de ce monde ressemblent vachement aux personnages de *Strip Tease*. Non?

1. Dans l'audiovisuel, « *la bible est le document de référence original et fondateur d'une série ; elle détermine et décrit les éléments nécessaires à l'écriture, par des auteurs différents, des épisodes d'une œuvre télévisuelle. C'est l'outil qui donne aux auteurs qui collaborent ou collaboreront à l'œuvre les clés de son fonctionnement et de sa cohérence* ». Définition donnée par la Société des auteurs et compositeurs dramatiques (SACD).

2. Voir le roman de Pierre Michon *Vie minuscules* (Gallimard, Paris, 1984).

3. André François, 1992, <www.sonuma.be/archive/monsieur-le-bourgmestre>.

4. Olivier Lamour, 1997-2005, <www.youtube.com/watch ?v=L7ObAngwxLQ>. Tourné entre décembre 1997 (pour les premiers épisodes qui se passent à l'usine Maryflo à Kervignac, dans le Morbihan) et mai 2003 (pour les derniers tournages en Tunisie), ce film a eu un véritable retentissement dans les milieux scientifiques en mettant au jour le harcèlement moral au travail (bien avant le scandale de France Télécom qui causa une vague de suicides).

5. *J'aurai ta peau*, Richard Olivier, 1993, <www.youtube.com/watch ?v=T3lrSDBs-1E#action = share>.

6. *La Soucoupe et le Perroquet*, Frédéric Siaud, 1993, <www.youtube.com/watch ?v=SHJ1HL4eMLQ&list=PLzJh-tsGhqafnjesZMl-XaK_cki743dop&index=1>. Mathieu Ortlieb, 1994, <www.youtube.com/watch ?v=Q56Ai22T2ZQ>. *Dr Lulu* a reçu en 1995 le prix du jury au Festival international du film médical et de la santé.

7. 1986, <https://vimeo.com/8664767>.

8. Luckas Vander Taelen, 1986, <www.sonuma.be/archive/martha_13>.

9. *135,3 dB*, Isabelle Sylvestre, 1999, <www.youtube.com/watch ?v=T3lrSDBs-1E#action = share>. Je précise que dans ce film le *tuning* de voiture n'est qu'un prétexte pour Christophe qui, au fond, « *fait claquer ses watts* » afin de se faire entendre d'un père absent – voire violent – mais un père tant admiré. C'est d'ailleurs à lui que le jeune homme s'adresse à la toute fin du film : même s'il lui ment, il lui annonce qu'il est le meilleur de sa catégorie, qu'il a enfin dépassé les 135 dB. Son regard appelle désespérément la reconnaissance et l'amour paternel.

10. Yves Hinant, 1995, <www.youtube.com/watch ?v=SExhrZ6Y9pk>.

11. *Pizza Americana*, Pierre Carles, 1994, <www.pierrecarles.org/Pizza-Americana-34>.

12. Philippe Dutilleul, 2000, < www.sonuma.be/archive/strip-tease-du-15112000 >.

13. Marie Ka, 2002, < www.youtube.com/watch ?v=9EIWG6hMYqo&list=PLzJh-tsGhqafnjesZMl-XaK_cki743dop&index=75&t=0s >.

14. Isabelle Sylvestre, 2004, < www.youtube.com/watch ?v=syfjlgNfHUY >.

MONDE

DES

IDÉES

LECTURES CROISÉES EN ÉCOLOGIE QUEER
Nature, contre-nature, contre-culture

Par Cy Lercerf Maulpoix

Quasi inconnue en France, l'écologie queer se présente dans les pays anglophones comme un nouveau champ d'analyse et de pratiques. Dans le sillage de l'écoféminisme et de l'écologie décoloniale, elle témoigne d'une nécessité : celle de penser l'écologie depuis l'expérience minoritaire LGBT+ tout en déracinant les mécanismes hétéronormés encore à l'œuvre dans les pensées de la nature. Alors que nous sommes confronté·e·s à la nécessité d'imaginer les conditions d'un avenir compatible avec la survie du vivant humain et non-humain, la manière dont nous pensons l'écologie est essentielle puisqu'elle détermine les conditions de notre vivre-ensemble.

Tout au long de l'histoire occidentale, les vies « queers » ont toujours été pensées comme en dehors du territoire du naturel, comme contre-nature. Des premiers écrits chrétiens aux discours de l'écologie dite intégrale, le concept de nature a été dressé comme un rempart et une arme pour les dénigrer, les exclure ou les dominer. Un héritage qui continue par exemple d'imprégner les débats sur la procréation médicalement assistée pour toutEs ou les opérations violentes sur les personnes intersexes. De cette question de la nature, qui hante les définitions des sexualités et des genres depuis au moins le XIXe siècle[1], découle un autre enjeu : repenser les sujets queers au sein d'une nouvelle écologie politique inclusive qui attribue à la question sexuelle et à la fluidité de genre un rôle important et dépasse l'impasse naturalisante. Cette histoire retrace ainsi les tentatives méconnues de celles et ceux qui ont tenté de construire leurs vies en opposition à la société de leur temps afin de dessiner ce que pourrait être une vie queer dans un monde anticapitaliste.

Vivre d'amour et d'eau fraîche

Les premières tentatives, au XIXe siècle, coïncident avec les débuts de l'environnementalisme américain. Le travail et l'existence d'Edward Carpenter, figure ardente et oubliée du socialisme anglais, font advenir un idéal, celui d'une camaraderie homo-érotique éloignée de la modernité urbaine. Issu d'une famille bourgeoise engoncée dans la morale victorienne, le poète et philosophe hérite d'une somme conséquente à la mort de son père en 1882 et acquiert la ferme de Millthorpe, au nord de Sheffield. Habité par une quête en faveur de l'égalité et de la justice sociale qu'il articule à une critique farouche du capitalisme industriel et de l'impérialisme, Carpenter raconte dans ses mémoires et sa correspondance l'émergence et la mise en pratique de ce que l'on pourrait être tenté de qualifier aujourd'hui d'« écologie radicale ». Cultivant son jardin, produisant ses propres légumes, recyclant ses déchets et vivant au sein d'une petite communauté d'amis et d'amants, il revendique, dans son autobiographie *My Days and Dreams* (1916), « *une simplification profonde et une libération de la vie quotidienne la dégageant de toutes les choses qui s'interposent entre nous et la Nature, entre nous et nos camarades ; en revenant à une vie plus simple, un compagnonnage avec les Animaux, des activités extérieures, une alimentation fruitarienne, et en cultivant un degré de nudité aussi poussé que raisonnable[2]* ». Cette « *simplification* » de la vie échappe à l'ascétisme le plus austère. Son mode de vie « décroissant » intègre au contraire l'affection et le désir gay comme des nécessités naturelles. Le corps, en accord avec l'environnement et l'écoute de ses besoins, devient la valeur à partir de laquelle la vie s'organise. Et Carpenter de souhaiter qu'avec ce système, il soit possible de rompre les barrières de classe, les inégalités sociales mais aussi la domination interespèces.

Mais Carpenter va plus loin. Il dessine, en accord avec sa vision du socialisme, les contours d'une classe nouvelle à même de prévenir les inégalités sociales. Réfléchissant au rôle spécifique des membres du « *sexe intermédiaire* » qui occuperaient une position unique au sein de la « *Nature* », il écrit en 1907, dans *The Intermediate Sex* : « *Il semblerait que la Nature, en assemblant les éléments qui composent chaque individu, ne sépare pas toujours les ingrédients qui définissent distinctement les deux sexes. Elle les mélange parfois de manière déconcertante, mais avec sagesse sans nul doute car si une distinction sévère entre les éléments était maintenue, les deux sexes cesseraient définitivement de se comprendre. De fait, il existe des types d'individus remarquables et, nous le croyons, indispensables, au sein desquels l'union ou l'équilibre entre les qualités masculines et féminines est telle qu'elle les destine dans une large mesure à être les grands interprètes des hommes et des femmes et de leurs relations mutuelles.* » En les considérant comme des guides pour ceux et celles qui luttent en faveur de l'égalité entre les hommes et les femmes, Carpenter attribue un rôle politique singulier à ces « *individus remarquables* » qu'il situe

à mi-chemin sur un continuum allant du pôle masculin au pôle féminin. Et, aux yeux de nombre de penseurs, penseuses et militant·e·s, l'élaboration de cette identité intermédiaire, *a contrario* de la terminologie oppressive des institutions de l'époque, passe nécessairement par une fuite hors des cadres classiques de genre et de sexualité occidentaux.

Cosmogonie queer

Moins de cinquante ans plus tard, un autre militant gay et ancien membre du parti communiste américain, Harry Hay, reprend ces analyses en insistant encore plus fortement sur la fonction spirituelle et écologique des membres du sexe intermédiaire. Il propose en 1953, lors d'un échange au sein de la Mattachine Society, l'un des premiers groupes homophiles et dont il est le fondateur, une nouvelle définition du sexe intermédiaire, dont il qualifie les membres de Berdaches, terme dépréciateur utilisé auparavant par les colons américains afin de désigner les « *two-spirits* » amérindiens. Traversant à grandes enjambées la préhistoire, le Moyen Âge européen et différentes traditions américaines, orientales ou africaines, Hay fait du Berdache une institution sociale protéiforme valorisée au sein de sociétés matriarcales disparues et exterminées au profit de l'imposition du patriarcat et des États modernes occidentaux : « *Le Berdache, à la différence des autres foyers familiaux, n'a pas d'aïeuls ou d'enfants dont il doit

s'occuper. Il peut ainsi répondre à ses propres besoins en un quart du temps nécessaire aux autres villageois. Par la nature même de son propre foyer, et parce qu'il participe aux tâches féminines, il apprend les recettes et formules qui permettent de maintenir une agriculture rituelle. Dans beaucoup de cultures d'Asie, d'Afrique et d'Amérique du Sud, les Berdaches ont aussi le rôle de médecins, de chamanes au sein de leurs villages.* » Garant des rituels avec la nature, d'un savoir agricole, le Berdache délivré des liens familiaux peut assumer de nombreux rôles associés aux hommes comme aux femmes. Mais il est aussi une figure de soin et de culte, il est donc assimilé par Hay aux grandes figures spirituelles : prêtres, druides, chamanes qui entretiennent un lien social avec le monde naturel.

En 1978, la parution de *Witchcraft and the Gay counterculture* du militant Arthur Evans produit de nouveaux éclairages. Si beaucoup de ses analyses et sources historiques font question, Evans réussit à esquisser une véritable archéologie de la contre-culture gay et de l'oppression dont les personnes LGBT+ ont été victimes depuis l'émergence du christianisme. Il évoque notamment les nombreuses figures féminines ou gays persécutées et sacrifiées, accusées de magie noire, de sorcellerie par le christianisme, l'entreprise coloniale et capitaliste. Ces accusations témoignent toutefois d'un rapport au monde spécifique de ces individus et de ces groupes ainsi que de la puissance conférée à la féminité et à la sexualité dans de nombreuses traditions préchrétiennes ou non occidentales. Evans exhorte ainsi toutes les minorités exploitées par la civilisation occidentale à se reconnecter à cette puissance perdue : « *Si nous devons un jour revenir d'entre les morts et regagner notre place légitime au sein de la nature, il nous faudra faire plus que placer notre foi dans l'État, les partis ou la technologie, soit tout ce qui apparaît comme un support de l'industrialisation. Il nous faudra puiser dans les réserves d'énergies que nous avons enterrées en nous-mêmes et dans la nature. Ce qui signifie que nous aurons à invoquer des pouvoirs qui n'ont pas été appelés depuis les temps chamaniques.* »

Gays des champs et gays des villes

L'exclusion des queers hors des territoires d'un « naturel construit » est sociale tout autant que géographique. Le récit de la « *fuite vers la ville* », pour reprendre les mots de Didier Eribon dans *Réflexions sur la question gay*, est en cela une nécessité en même temps qu'un lieu commun aux yeux de nombreuses personnes LGBT+. Selon le sociologue Henning Bech, « *la ville est le monde social propre à l'homosexuel, son espace vital* ». Lieu refuge, elle permet une émancipation en même temps qu'elle associe les expériences LGBT+ à une forme de modernité urbaine. Aujourd'hui, l'imaginaire dominant

des récits et des fictions queers, des *Chroniques de San Francisco* à *The L Word*, les situent principalement dans les grandes métropoles, dessinant parfois un axe narratif allant de la campagne ou de la petite ville de province à la métropole, garante d'une liberté jusque-là inaccessible, consacrant ce qu'Eribon qualifie de « *mythologies de la grande ville* ». Dans les faits, évidemment, la présence des LGBT+ à la campagne et leurs formes de sociabilité sont une réalité souvent méconnue qui mériterait d'être étudiée plus concrètement. Il est donc nécessaire d'opposer à cette vision unilatérale un contre-récit allant à l'encontre de celui qui narre la désaffection et le détachement des queers vis-à-vis de la « nature ».

En ville, les espaces « naturels » domestiqués tels que les parcs constituent souvent des lieux privilégiés de sociabilité et de rencontres sexuelles. Ainsi que le raconte l'ouvrage phare du sociologue Georges Chauncey *Gay New York*, dès la fin du XIXe et le début du XXe siècle, les grandes villes occidentales sont traversées par de véritables mondes souterrains. Central Park à New York, Hyde Park à Londres ou encore le jardin des Tuileries à Paris deviennent très tôt – et sont toujours aujourd'hui – des espaces de *cruising*[3] où se déploie chaque soir une population nocturne contrastée. Dans *Écologies Queer. Nature, sexualité et hétérotopie*, le géographe anglais Matthew Gandy

politise cette appropriation géographique queer des parcs, espaces initialement aménagés afin de proposer une respiration et un lieu de loisir à destination des familles bourgeoises, évidemment pensées comme hétérosexuelles. Le temps d'une nuit se met en place un nouvel écosystème qui rompt les différences sociales. Dans son journal *Modern Nature*, l'artiste Derek Jarman fantasme et poétise les allées du parc de Hampstead Heath sur les hauteurs de Londres. Arcadie égalitaire, pastorale moderne avant la fin du monde (ou de l'épidémie de sida), « *le sexe dans les bruyères est une idylle avant la chute* ».

Communautés queers autogérées

En dehors des villes, aussi, les queers occidentaux ont toujours résisté à cette exclusion des espaces ruraux, y investissant des espaces de vies lorsque cela leur était possible. D'une certaine manière, la petite communauté construite autour de Carpenter anticipait les nombreuses formes de vie communautaires queers rurales qui se sont développées au cours du XXe siècle, notamment en Europe et aux États-Unis.

Les années 1970 apparaissent comme un moment clé aux États-Unis, alors que la médiatisation des émeutes de Christopher Street[4], en 1969, fait souffler un vent nouveau sur les mouvements LGBT+. Cette même année, la publication du *Gay Manifesto* de Carl Wittman, jeune gay issu de la gauche radicale, tente de répondre à de nombreuses interrogations quant aux directions à donner au mouvement gay. Avide de réfléchir aux différentes formes de dominations s'abattant sur sa communauté, Wittman s'interroge sur les modes de vies urbains susceptibles de favoriser une véritable autonomie : « *Pour être un territoire libre, nous devons être nos propres maîtres, développer nos propres institutions, nous défendre, et mettre à profit nos énergies afin d'améliorer nos vies. L'émergence de communes gays libérées et la publication de nos propres journaux est un bon départ. Nous devons mener des discussions à propos des salles de danses et des cafés gays. Des retraites rurales, des bureaux d'actions politiques, des coopératives alimentaires, une école gratuite… tout cela doit être développé si nous souhaitons gagner ne serait-ce que l'ombre d'un territoire libre.* »

La pensée de Wittman pose les jalons d'une séparation d'avec la société hétérosexuelle et la grande ville. Son installation en 1970 dans une ferme ayant appartenu à sa tante à Wolf Creek, dans l'Oregon, constitue le point de départ de plusieurs initiatives rurales aux alentours.

Loin d'être l'apanage de communautés d'hommes gays, cette ruralisation concerne avant tout, dès le début des années 1970, des lesbiennes souhaitant échapper aux multiples formes des dominations hétérosexuelles et patriarcales et prendre leurs distances avec le milieu féministe hétérosexuel et le milieu gay auxquels elles se heurtent souvent. Dans son ouvrage phare, *Women's Lands*, la sociologue Françoise Flamant raconte des initiatives menées dans l'Ouest américain par des centaines de femmes pendant plusieurs dizaines d'années : « *L'idée de se retrouver entre femmes et loin des villes serait donc la clé qui ouvrirait sur une vie nouvelle. Puisque les femmes étaient sans cesse renvoyées à la Nature, en opposition à la Culture, maitrisée par les hommes, pourquoi ne pas explorer ce continent inconnu, loin des zones urbaines dominées et contrôlées par eux ?* Back to the land ! *– sur une terre vierge, isolée, gage d'une sécurité sans laquelle rien n'était envisageable et à partir de laquelle tout semblait possible.* »

L'achat de terres à bas prix en Oregon leur permet de s'y installer afin d'y créer des territoires autonomes qui connaissent un fort succès durant la décennie suivante. Owl Farm, Woman Share, Cabbage Lane, Rainbow's End… de nombreuses communes ont compté jusqu'à une centaine de femmes. Certains de ces espaces de vie collective, maintenus en vie sous forme de trusts, existent encore aujourd'hui. Le mode de vie qui s'y développe s'oriente vers une cohabitation avec la nature et une production alimentaire à petite échelle respectueuse de l'environnement, subvertissant les formes d'exploitations capitalistes de la terre.

Élevage, production de légumes, végétarisme s'accompagnent également de pratiques spirituelles néo-païennes. La confrontation directe au territoire, au climat parfois difficile, rend nécessaire l'apprentissage de multiples techniques. Il s'agit dès lors de produire sa propre nourriture, construire sa propre cabane, réorganiser un petit monde social en repensant les modes de gouvernance et de prise de décisions collectives.

Si certaines des éco-utopies gays et lesbiennes ont perdu de leur force dans les années 1980 et 1990, la naissance du mouvement Radical Faeries le 1er mai 1979, à la suite d'un rassemblement organisé en Arizona par Harry Hay, John Burnside, Don Kilhefner et Mitch Walker, tous anciens membres de mouvements militants de libération gay, fait naître un nouveau modèle : la retraite rurale. L'occupation et l'achat de terres dans d'autres États américains sont une occasion, pour les gays vivant en ville, de se retrouver, d'échapper à la culture *mainstream* et au consumérisme déjà dénoncé par Wittman. Ils y trouvent un refuge et développent une spiritualité et une solidarité nourries des réflexions et des analyses de Hay sur l'esprit gay du Berdache. Ces espaces se transforment parfois, lors du pic de l'épidémie de sida, en lieux d'accueil de malades ou de leurs proches, en véritables « *sanctuaires* ». La communauté y développe, en résonance avec les expériences écoféministes, des groupes néopaïens, des rituels d'écoute, des ateliers où apprendre à se soigner et à soigner les autres, mais aussi de multiples cercles de discussions politiques ou encore des cours où l'on échange ses connaissances afin d'acquérir des compétences techniques, manuelles ou médicinales. Bien que volontairement discrets aujourd'hui, des sanctuaires ou territoires féeriques connaissent toujours un certain succès en Amérique du Nord et en Europe, incarnant le désir de faire exister un autre monde et d'autres formes de sociabilité.

Érotiser la terre

« *1. Nous sommes* écosexuel·le·s. *La Terre est notre amant·e. Nous sommes follement, passionnément, farouchement amoureusEs, et, pour cela, nous sommes chaque jour reconnaissant·e·s […].*

2. Nous faisons l'amour avec la terre. Nous sommes amoureusEs de l'eau, de la terre, du feu, de l'air. Nous embrassons les arbres sans honte, massons la terre avec nos pieds et susurrons des mots érotiques aux plantes […]. Nous faisons l'amour avec la Terre avec tous nos sens. Nous célébrons nos points T… »

Ainsi s'ouvre le manifeste écosexuel rédigé par le couple de performeuses, artistes et réalisatrices Annie Sprinkle et Beth Stephens. Elles en appellent à l'amour et à l'érotisme dans le but de retisser les liens endommagés entre l'hu-

main et la nature. L'écosexualité propose de substituer à la figure de Gaïa, mère nature dont on exploite à l'envi les ressources, celle d'un·e amant·e. Mais leurs derniers documentaires, *Water Makes Us Wet* (2018) et *Goodbye Gauley Montain* (2014), disent autre chose que la simple érotisation des paysages naturels. L'organisation de gigantesques mariages écosexuels avec la montagne ou la rivière devient l'occasion d'enquêtes militantes et d'un travail de sensibilisation sur la gestion de l'eau en Californie ou sur les destructions des montagnes et des forêts des Appalaches causées par les exploitations de charbon à ciel ouvert dans l'État de Virginie. En ce sens, le jeu érotique interespèces de Sprinkle et Stephens reconfigure les manières de se sentir lié·e ou attaché·e au monde. Mais il vient également fracturer des réflexes de dominations hérités, valorisant ce faisant de nouvelles façons d'interagir. Leur démarche prolonge certaines des réflexions menées par la philosophe et biologiste Donna Haraway. Cette dernière écrivait dans son *Manifeste des espèces de compagnie* (2003) : « *Le monde est un nœud en mouvement. Les déterminismes biologiques et culturels sont autant d'exemples d'un concret "mal placé" au sens où ils commettent la double erreur de prendre les catégories abstraites, provisoires et situés de "nature" et de "culture" pour des réalités, et de confondre puissantes conséquences et fondements préexistants.* »

Se libérer du joug de la « nature »

En 1997, l'universitaire écoféministe Greta Gaard publiait un texte, « Towards a queer ecofeminism », où elle incitait notamment à se rapprocher de la théorie queer afin d'interroger à nouveaux frais les « *constructions sociales du terme de "nature"* ». Souhaitant poursuivre l'exploration de complicités possibles avec d'autres mouvements politiques, elle posait les bases analytiques de l'écologie queer afin de se libérer de la domination inhérente à l'utilisation occidentale du concept de nature. Développés depuis par une petite troupe d'universitaires anglophones, plusieurs arguments forts étaient mis en avant par Gaard : la dévaluation de l'érotique, des sexualités doit être mise en regard avec la dévaluation de la nature et de la femme, cette articulation étant caractéristique du système de pensée occidental. Elle y décrivait une pensée hiérarchique fondée sur les nombreux dualismes normatifs qui organisent notre rapport au monde, chaque terme au sein de ces dualismes étant perçu comme exclusif et oppositionnel puisqu'une valeur plus importante est donnée à l'un des termes sur l'autre : culture/nature, raison/nature, masculin/féminin, raison/matière, raison/émotion, civilisé/primitif, blanc/non-blanc, hétérosexuel/queer. Et Gaard d'appeler de ses vœux des analyses critiques et des alliances politiques entre groupes dominés afin de lutter contre les schèmes de pensée dominants au sein de l'écologie politique.

Ces complicités en cours d'élaboration sont au cœur des écologies minoritaires ou « déviantes ». Traversant des cadres d'oppressions multiples, l'expérience queer propose de repenser plus largement l'humain et ses relations avec le non-humain, de repenser les modalités de nos dépendances à la technique et de nos interactions globales dans un contexte de crise écosociale. Il n'est donc pas anodin que les groupes ou projets écoqueer se multiplient aujourd'hui. À la fois pour dénoncer la situation des plus exposé·e·s et vulnérables aux conséquences de la crise climatique et industrielle mais aussi pour alerter sur la contribution essentielle des personnes LGBT+, revendiquées ou construites comme telles, au sein des mouvements écologistes. L'apparition de queer ou pink blocs au sein des marches pour le climat exprime ce besoin naissant. Formé par un jeune duo aux origines amérindiennes, le collectif américain Queer Nature revendique quant à lui une écologie queer et décoloniale. Implanté au Colorado sur les territoires cheyennes, ce dernier propose, au moyen d'ateliers en pleine nature, de transmettre un savoir pratique, théorique et spirituel issu de traditions des peuples premiers et des savoirs des « *two-spirits* » aux LGBT+ de la région.

On retombe ici sur nos pas : ces manières de se réapproprier l'écologie à partir d'expériences minoritaires ont aussi à voir avec la réappropriation d'espaces et de savoirs dont ces mêmes minorités ont été privées ou dépossédées. Cette rencontre entre des corps qui comptent, cette conscience accrue de la qualité des interactions et des mondes que nous devons développer apparaissent comme un rempart face à la domination de certaines pensées écologistes qui courent toujours le risque de concrétiser une écologie totalitaire reproduisant les mêmes schèmes d'oppression que le capitalisme qu'elles dénoncent.

1. En témoignent les nombreux débats autour d'une origine biologique de l'homosexualité.
2. Sauf indication contraire, tous les extraits ont été traduits par l'auteur.
3. Terme anglais désignant, dans la culture homosexuelle masculine, la drague et la quête d'un partenaire sexuel.
4. Surnommés les émeutes de Stonewall, ces affrontements spontanés contre la police ont été menés par des personnes LGBT dans le quartier de Greenwich Village, à New York, et constituent un symbole de la lutte des minorités sexuelles contre l'oppression et la discrimination.

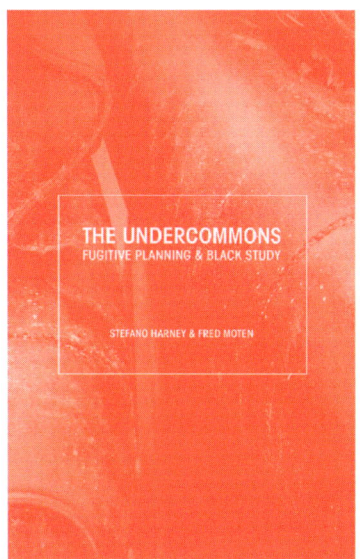

Stefano Harney et Fred Moten
THE UNDERCOMMONS. FUGITIVE PLANNING AND BLACK STUDY

Minor Compositions,
Wivenhoe, 2013.

Par Yves Citton

Un spectre hante le ronronnement désormais gentiment consensuel de la théorisation des communs : le spectre des *undercommons*. Ce fantôme est encore diaphane en France, où il ne se montre qu'exceptionnellement. Dans le monde anglo-américain, il hante de plus en plus de pensées alternatives radicales, qui y reconnaissent une inspiration et une référence majeures, mais aussi une inquiétude taraudante, quand ce n'est pas une vague menace. Et non sans raison : le spectre des *undercommons* a pour vocation d'encercler toute certitude politique trop bien établie et de déstabiliser toute présomption de souveraineté, ne nous laissant en partage que notre incomplétude – avec pour unique rédemption de faire de cette incomplétude individuelle notre seule vraie force collective.

D'où est donc sorti ce spectre ? Des plumes croisées de Stefano Harney, penseur nomade invité aussi bien dans des écoles d'art que dans des programmes de management stratégique, et de Fred Moten, poète, philosophe et professeur des arts de la performance à New York University. Ils ont publié ensemble, depuis le début des années 2000, une série de contributions à diverses revues, reprises sous forme d'un livre-manifeste paru en 2013 et titré *The Undercommons. Fugitive Planning and Black Study*[1]. Quatre singularités conspirent à faire de cet ouvrage l'une des publications les plus importantes de ces vingt dernières années : une écriture, une radicalité, un vocabulaire, une attitude.

D'abord *une écriture*, où théorie et poésie riment en une étreinte passionnée, faisant de chaque phrase à la fois la formulation rigoureuse d'un mécanisme d'exploitation (ou d'une tactique d'insurrection) et le prisme cristallin d'un indomptable miroitement du sens. Leur texte est proprement incompréhensible, si comprendre revient à faire le tour d'un problème, à le saisir afin de le résoudre avant de passer au suivant. La lecture des *Undercommons* procure avant tout, au lecteur français, une expérience de dépaysement et de désorientation, qui commence par son insaisissable titre. Celui-ci a la propriété d'affoler les traducteurs automatiques (DeepL, Google Translate) qui, en l'espace de quelques pages seulement, le rendent par « *sous-communs* », « *sous-fonds* », « *sous-domaines* », « *sous-ensembles* », « *sous-communautés* », « *sous-communes* », « *sous-communaux* », « *souterrains communs* », mais aussi « *laissés-pour-compte* », « *exclus* », « *sous-facteurs* », « *sous-commissaires* », ou encore « *infidèles* ». Ce tâtonnement erratique rend moins compte de la bêtise des machines que de la richesse d'une créativité indissociablement poétique et conceptuelle.

Que ou qui sont donc ces *undercommons* ? Ce(ux et celles) dont la solidarité à jamais fuyante préexiste toujours déjà aux « problèmes » que la politique identifie (suscite, exacerbe) en prétendant les « fixer », au double sens de les épingler et de les résoudre. On trouve les *undercommons* dans les entrées d'immeubles de banlieue, dans les cafétérias du Crous, dans les centres de rétention administrative, dans les manifestations contre les violences sexuelles ou les brutalités policières. On sent leur chaleur humaine – réconfortante et inquiétante – dans le dernier film de Ladj Ly, *Les Misérables*. Les *undercommons* sont « sous » les communs : plus primordiaux et plus opprimés encore que ceux-ci, plus fondamentalement revêches envers toute entreprise de privatisation, d'individualisation ou de maîtrise.

Se soigner du politique

La racine d'où les *undercommons* puisent leur force et leur *radicalité* plonge dans l'expérience des hommes et des femmes qui ont été réduit·es au statut d'actifs-à-problème dans les cales des navires esclavagistes – ainsi que dans les modes de vie de leurs descendant·es constamment rabattu·es sur ce statut par les policiers, les politiciens et autres gardiens de prison des siècles suivants. Moten et Harney précisent bien que les Africains-Américains ont « *un rapport privilégié, mais non exclusif* » avec la *blackness*. Cette radicalité n'est ni une affaire de souche, ni une question de posture, ni un choix de se battre « pour » ou « contre » quelque chose. Elle consiste avant tout à « *se tenir aux côtés* » des *undercommons*. Non pas pour les aider à résoudre leurs « *problèmes* ». Mais pour partager nos incomplétudes avec les leurs, qui s'avèrent souvent moins endettées et moins empruntées que les nôtres.

Autant qu'« en-dessous », les *undercommons* sont en effet à situer « autour » des petits entrepreneurs-de-soi que nous sommes toutes et tous devenu·es à divers titres. Le livre s'ouvre avec l'image récurrente des innombrables westerns où une caravane de colons (*settlers*) se fait attaquer par des Indiens à cheval qui entourent (*surround*) les chariots formés en cercle. Les mensonges du western, qui dépeignent les autochtones décimés sous la figure d'agresseurs, révèlent en fait une réalité bien plus profonde, sous-jacente, à laquelle nous confronte dramatiquement l'effondrement écologique de ce que Jairus Grove propose d'appeler l'Eurocène [2] : les *settlers* européens ont bien toujours été encerclés par un environnement-*surround*, avec lequel ils ont d'emblée entretenu une relation d'hostilité. L'irruption de Gaïa (Isabelle Stengers), la revanche des externalités (Yann Moulier Boutang), le nouveau régime climatique (Bruno Latour) : autant de déclinaisons différentes de cette même scène primitive, où les *settlers* agresseurs se retrouvent assiégés par l'environnement d'*undercommons* auxquels ils croyaient pouvoir imposer leur folle prétention de souveraineté.

L'inquiétante et déstabilisante radicalité du livre tient à ce qu'il propose d'identifier cette prétention de souveraineté avec « la politique » elle-même. Le titre du premier chapitre est *Politics surrounded*. Dans une autre publication, Fred Moten dit « *avoir utilisé par le passé certains mots dont il n'aime plus se servir* », au premier rang desquels il évoque non seulement « *la politique* » (*politics*), mais aussi bien « *le politique* » (*the political*) [3]. Que reste-t-il donc d'une radicalité, dès lors qu'au lieu d'en appeler à l'engagement politique, elle essaie plutôt de s'en soigner ?

Répondre à cette question exige de compléter un peu le *vocabulaire* proposé par Moten et Harney pour nous repérer dans le présent. La politique, selon eux, tourne entièrement autour de la promulgation de *policies*, à savoir de réglementations. Ces dernières identifient les *undercommons* à des sources de « *problèmes sociaux* » à résoudre en s'efforçant de combler leurs manques et leurs manquements. Qu'il faille les assister ou les ramener à l'ordre (les deux vont généralement de pair), les Noir·es des ghettos, les jeunes de banlieue, les migrant·es, les personnes trans' sont *a priori* considéré·es comme déficient·es, revêches au changement, en besoin de mesures correctives.

Ce qui se présente depuis quelques décennies au titre de la *gouvernance* s'efforce d'imputer ces *policies* à celles et ceux-là mêmes qui les subissent. En tant que « *management de l'automanagement* [4] », la gouvernance nous individualise en nous intéressant : en érigeant chaque personne au statut de porteuse d'intérêts. Le régime de la *dette*, qui tient désormais sous son joug toute la population éduquée et consommatrice d'un pays comme les États-Unis, n'est qu'une forme parmi d'autres, particulièrement prégnante, de cette gouvernance par les intérêts.

Si, pour être fidèle aux enseignements de la tradition black radicale, il faut se soigner des références à la/le politique, c'est que ces références se voient entièrement colonisées par le système que forment ensemble – indissociablement – dette, intérêts, individualisation, gouvernance, *policy*. La «démocratie» elle-même, telle qu'elle est pratiquée aux États-Unis, s'avère en parfaite cohérence avec cette série de termes à bannir (et aussi toxique qu'eux). Les auteurs en donnent une définition cinglante: «*La pratique de l'intérêt privatisé dans l'inégalité, exprimée dans la théorie de l'égalité abstraite de chaque individu complet*[5].»

Prendre parti pour ou contre telle ou telle *policy*, se battre pour la reconnaissance de ses intérêts, s'engager dans le combat démocratique: tout cela, que nous identifions à l'activité politique, a bien entendu ses mérites et sa nécessité propre. Mais cela conduit aussi (et peut-être principalement), selon Moten et Harney, à donner prise au management de notre automanagement. Surtout, toute cette activité politique est structurellement *surrounded* (encerclée, conditionnée, prédéterminée et préemptée) par l'irrésistible force de la logistique.

Ce qu'ils appellent la *logisticalité* est cette nécessité de structuration et de fonctionnement qui contraint de façon ubiquitaire le management de nos automanagements à se plier servilement aux intérêts du capital. La logisticalité a commencé par emprisonner des corps africains dans les cales des navires négriers. Aujourd'hui, elle containérise aussi bien les citrons venant du Chili que les habits du Bangladesh ou les smartphones de Chine tout en continuant à condamner d'innombrables corps des *undercommons* aux horreurs de l'extractivisme.

L'être-ensemble précède l'être

Se méfier de la solidarité organique qui rend démocratie et politique complices de la logistique, de la gouvernance et des *policies* n'implique pourtant nullement de se résigner à l'impuissance. La radicalité des *undercommons* tient à un renversement d'*attitude* qui retourne à son tour la valeur des postures auxquelles nous identifions habituellement la radicalité. Au culte de la puissance, aux appels à la résistance, aux espoirs d'élévation et aux promesses de victoire, Moten et Harney substituent une reconnaissance de dépossession et un aveu d'incomplétude. Les luttes pour les communs sont généralement animées par une pulsion constituante: elles participent d'une visée constructive qui cherche toujours un peu à «policer» et à «gouverner» les communs, dans le but louable d'en protéger l'accès ou le renouvellement. Au lieu de s'élever vers la construction de cadres protecteurs à établir (*settle*) pour le futur, les *undercommons* regardent vers le bas, vers ce qui est déjà là – sous nos pieds (l'*underground*) et autour de nous (le *surround*). Au lieu de revendiquer l'obtention de droits à venir, au lieu de dénoncer d'intolérables privations présentes, ils trouvent leur principale ressource dans le partage de nos incomplétudes.

«*On dit généralement que tout ce que nous voulons [want] est lié à ce que nous n'avons pas*», mais il vaudrait mieux «*parler de ce que nous voulons par rapport à ce que nous avons, quand ce que nous avons est toute cette expérience de ne rien avoir à partager, de partager le rien*»[6]. Car ce que nous avons, avant toute chose à posséder, ne saurait se mesurer, s'acheter ou se vendre: c'est le fait que *l'être-ensemble précède l'être* – pour reprendre le beau titre d'une publication récente venant non de l'ouest de l'Atlantique, mais de l'est de l'Europe[7]. Ce qui a pour conséquence que *le faire-ensemble précède l'avoir*. Tels sont les fondements des *undercommons*. Ils entraînent à leur suite un «*antagonisme général*» envers tout ce qui dénie, corrode, atomise, étouffe la vie propre à ces «*communs-d'en-dessous*», sur lesquels repose tout ce que nous avons de désirable.

Le *fugitive planning* et la *Black study* du sous-titre renvoient à des activités que l'on peut exercer grâce à la simple présence des autres. Les marrons dressent des plans de fuite. Les oisifs se livrent à l'étude. Les musiciens jouent de leur instrument, les gens se parlent, de tout et de rien, s'apprennent les nouvelles du jour, les commentent, en débattent. Rien de productif, rien d'appropriable par ceux qui calculent leur intérêt. Juste des pratiques d'en bas, sans intérêt, qui se contentent de là où elles sont, parce que la présence amicale et solidaire de celles et ceux qui les partagent vaut mieux que tous les gains et toutes les élévations qui soient.

Plus encore qu'envers l'individualisme possessif, les *undercommons* nourrissent un antagonisme général à l'égard de toute forme de souveraineté. C'est le principe même d'autonomie – chevillé au corps d'une certaine conception kanto-rousseauiste de la politique démocratique – qui est ici récusé par ceux qui voient dans l'improvisation collective du free jazz le modèle de l'être-ensemble par le faire-ensemble. Les expériences les plus précieuses ne relèvent pas de la maîtrise de soi mais de pratiques de « *dépossession de nous-mêmes, où nous acceptons d'être possédés d'autres façons, où nous consentons à n'être pas un, en des moments qui laissent aussi les gens agir sur nous et à travers nous, sans que nous ne devions constamment chercher à nous reconstituer*[8] ».

Les *undercommons* de l'Université

Il ne faut pas s'étonner que les chapitres des *Undercommons* les plus commentés soient ceux consacrés à l'Université. Dès le tout début des

années 2000, Moten et Harney dénoncent le cercle vicieux de la professionnalisation et de la dette étudiante. Ce sont bien sûr deux faces de la même pièce : l'Université doit professionnaliser afin que les étudiant·es puissent trouver un emploi, lequel leur permettra de rembourser l'emprunt contracté pour financer leurs études. L'étude – réfléchir, discuter, se poser des problèmes communs à éclairer par nos différences partagées – est étouffée par les réglementations (*policies*) qui industrialisent la « formation » et bureaucratisent la « recherche ».

D'où quelques phrases chocs : « *la seule relation que l'on puisse avoir avec l'Université aujourd'hui est d'ordre criminel* » ; « *on ne peut que s'y infiltrer, pour y voler ce qui peut l'être* ». Si le principal mérite que l'on puisse trouver à l'Université est d'être un lieu de refuge, alors il faut « *abuser de son hospitalité, mépriser sa mission, rejoindre sa colonie de réfugiés, son camp de gitans, être* dans *mais pas de* l'Université[9] ».

Moten et Harney vont toutefois bien plus loin que la critique communément portée par les universitaires contre l'Université (dont ils tirent leur salaire). Ils suggèrent que l'intellectuel critique qui se plaint de la professionnalisation de l'Université accomplit exactement la fonction pour laquelle l'Université l'a professionnalisé : il fait le critique qu'il a été formé et qu'il est payé pour être.

Et tandis qu'il se plaint doctement de sa situation, se lamentant avec ses collègues d'un déclin qu'il théorise du haut de ses colloques, il ne se préoccupe guère du sort des *undercommons* de l'Université : les précaires, vacataires et autres personnels administratifs dont les conditions de travail et les rémunérations se dégradent régulièrement. Ici aussi, selon Moten et Harney, ce pour ou contre quoi l'on se bat éloquemment compte moins que ceux et celles aux côtés de qui on choisit de se tenir, aux étages de la cale plutôt que de la cabine de commandement.

Voler l'Université, y trouver refuge, c'est d'abord s'y livrer à « l'étude » (*black study*). Les auteurs illustrent l'étude de façon frappante en la situant avant que ne débute le cours : les étudiant·es arrivent, bavardent, partagent le plaisir de se revoir, commencent parfois à discuter du contenu du séminaire. Et puis l'enseignant·e arrive, commande le silence et se met à professer. Il y a eu un bref moment de *study* dans le libre échange préliminaire, que les devoirs de formation viennent rapidement étouffer. Un désir de savoir et de comprendre s'est échafaudé sur une mise en commun des compétences et des incompétences réciproques, visant non pas à affirmer une souveraineté, une autorité, une autosuffisance, mais à s'enrichir mutuellement d'un partage des incomplétudes. Que se passerait-il si ce moment initial se poursuivait, si celles et ceux qui « étudient » pouvaient étudier ce qui leur tient vraiment à cœur plutôt que ce qui s'aligne sur les impératifs des *policies* gouvernementales, toujours finalement orientées par les besoins de la logisticalité[10] ?

On ne sera guère surpris de voir le chapitre des *Undercommons* consacré à l'Université commencer par un exergue de Jacques Rancière. Les principales références du livre pointent vers l'opéraïsme italien (Negri, Virno, Mezzadra), la *French theory* (Derrida, Foucault, Lacan), mais surtout – et c'est sans doute le plus précieux pour des lectrices et lecteurs francophones – vers une série de penseurs et penseuses de la *Black radical tradition* qui restent honteusement méconnu·es chez nous. Les trois volumes de recueils d'articles récemment publiés par Fred Moten avec pour sous-titre général *Consent not to be a Single Being* (tiré d'une formule d'Édouard Glissant) fournissent une occasion unique de découvrir des musicien·nes, artistes, philosophes, écrivain·es, théoricien·nes et critiques que nos débats intellectuels ont complètement raté·es[11]. Pour un C.L.R. James traduit, un Amiri Baraka et un Cecil Taylor que la réception française du jazz a rendus célèbres, combien de Cedric J. Robinson à découvrir[12] ? Lire les *Undercommons*, c'est donc revisiter la pensée italo-française des communs, mais vue depuis le dessous de la colonisation, dans la brillance vibrante d'une *blackness* dont il est difficile de se dire qu'elle n'est pas

encore et toujours réprimée, si l'on songe qu'il aura fallu presque vingt ans pour que les premiers textes de Moten et Harney soient enfin traduits en français.

Ronds-points et banlieues

Si cette pensée est difficilement audible en France, c'est peut-être qu'elle n'adresse aucune revendication, aucun respect, aucune crainte ni aucun désir du côté de quelque puissance étatique que ce soit. Si les auteurs ont retenu quelque chose du passage de Barack Obama à la Maison Blanche, c'est un discrédit irrémédiable jeté sur le terme et la notion d'espoir (*Hope* était le slogan de campagne de celui qui se présentait comme un activiste de Chicago). C'est la gouvernance qui hameçonne nos intérêts, dûment individualisés, en faisant se tortiller devant nos yeux le ver de l'espoir. Du point de vue des *undercommons*, l'État, c'est ce qui vous tire dessus parce que vous êtes noir (et/ou pauvre), vous incarcère et paie tellement mal vos gardiens ou vos maîtres d'école que vous souffrez quotidiennement des brimades générées par leur frustration. L'État, c'est ce qui rembourse les banques *too big to fail* quand elles ont brûlé votre argent, mais qui vous envoie les huissiers pour vous mettre à la rue quand votre salaire ne suffit plus à payer le loyer.

Espérer du gouvernement qu'il se préoccupe de vos fins de mois, de vos soins hospitaliers, de l'éducation

de vos enfants, de vos transports ou des conséquences de votre licenciement, voilà qui est totalement étranger à l'expérience des *undercommons*. Il faut donc bien se garder de vouloir interpréter trop vite un mouvement comme celui des gilets jaunes à la lumière des *undercommons*. Même s'ils bricolaient des plans d'action depuis le bas, illustrant merveilleusement la *Black study* promue par Moten et Harney[13], les ronds-points regardaient obstinément vers le haut : ils adressaient leurs revendications au gouvernement, ils portaient l'espoir d'un changement de gouvernement. Serait-ce discréditer le mouvement que d'y entendre un appel à d'autres *policies*, permettant à chacune et chacun de rentrer dans sa maison individuelle avec les moyens de boucler ses fins de mois, souverain chez soi, dans la complétude de son petit jardin ?

Les *undercommons* sont-ils donc hétérogènes aux sensibilités politiques françaises ? Peut-être. Mais peut-être que leur importation permettrait d'envisager notre paysage politique à partir d'une perspective drastiquement déplacée. Lors de leur récent passage à Paris, à l'occasion d'une performance organisée par Marielle Pelissero au Centre Pompidou autour de leur prochain manifeste intitulé *All Incomplete*, Fred Moten et Stefano Harney ont répondu à une question sur les gilets jaunes en récusant une caractérisation simpliste qui ne verrait en ces derniers que des *settlers* frustrés dans leurs aspirations d'établissement dans les quartiers péri-urbains. Ils suggéraient de les voir tout autant comme des « *déplacés* » du capitalisme – à réinscrire dans la longue série des déplacés venus du sud de l'Europe chercher du travail en France au cours des années 1950, des déplacés venus du nord de l'Afrique alimenter la production industrielle, comme des Africains déplacés dans les Amériques, puis happés par la grande migration vers le nord des États-Unis durant la première moitié du XXe siècle ? Bien davantage que sur les ronds-points, les zones sous-pavillonnaires et la (fantasmatique) « France périphérique », c'est bien entendu du côté des « banlieues » et des (euphémisés) « quartiers populaires » qu'il faut aller chercher les *undercommons* français. C'est sur cette frontière intérieure que se jouent aujourd'hui les tensions et les luttes entre les nostalgiques de la souveraineté et les partageurs d'incomplétudes.

D'où une pertinence et une urgence immédiates à lire et à faire lire le livre de Moten et Harney au sein de l'Hexagone. Avant de se demander pour ou contre quoi l'on souhaite se battre (la retraite à points, la criminalisation du voile, la VIe République, l'Europe), leur appel à savoir *aux côtés de qui* on souhaite se tenir pourrait aider à réorienter nos boussoles politiques. Si l'on se déclare pour « le peuple », ne faudrait-il pas commencer par se placer aux côtés des « quartiers populaires » ? Et tant qu'à se réclamer de l'égalité, ne faudrait-il pas étendre celle-ci au-delà des frontières nationales, afin de nous placer aux côtés de celles et ceux qui soutiennent notre abondance européenne par leur travail lointain ?

Les *undercommons* pourraient nous apporter beaucoup s'ils déplaçaient nos repères politiques de façon à mettre en lumière de nouvelles solidarités entre les déplacé·es de tous les pays. Ce spectre n'est pas nouveau – mais toujours actuel.

1. Une traduction française collective, coordonnée par Lena Monnier et Rosanna Puyol, est en cours, avec pour horizon une publication d'ici 2021 aux éditions Brooks. Une sélection d'extraits paraîtra dès le printemps 2020 dans le n° 79 de la revue *Multitudes*.
2. J. V. Grove, *Savage Ecology. War and Geopolitics at the End of the World*, Duke University Press, Durham, 2019.
3. F. Moten, *A Poetics of the Undercommons*, Sputnick & Fizzle, New York, 2016, p. 33.
4. F. Moten et S. Harney, *The Undercommons, op. cit.*, p. 55.
5. F. Moten et S. Harney, « We want a precedent », *in* Leonard Z., *I Want a President : Transcript of a Rally, November 6, 2016*, Zoe Leonard, New York, 2017, p. 12.
6. *Ibid.*, p. 11.
7. J. Simon, *Being Together Precedes Being. A Textbook for The Kids Want Communism*, Archive Book, Berlin, 2019.
8. F. Moten et S. Harney, *The Undercommons*, p. 146.
9. *Ibid.*, p. 26.
10. Sur la notion d'étude, voir F. Deck et J. Rasmi, *Studium* (avec traduction de *Studenti* de G. Agamben), Brouillon général, Grenoble, 2019.
11. F. Moten, *Black and Blur* (2017), *Stolen Life* (2018) et *The Universal Machine* (2018), tous parus chez Duke University Press.
12. Voir par exemple C. J. Robinson, *Black Marxism. The Making of the Black Radical Tradition* (1983) et *The Terms of Order. Political Science and the Myth of Leadership* (1980), tous deux réédités chez University of North Carolina Press, en 2000 et 2016.
13. Voir à ce propos B. Floris et L. Gwiazdzinski et tous les autres, *Sur la vague jaune. L'utopie d'un rond-point*, Elya Éditions, Seyssinet-Pariset, 2019, et L. Jeanpierre, *In Girum. Les leçons politiques des ronds-points*, La Découverte, Paris, 2019.

MIERLE LADERMAN UKELES

LE SOIN DES CHOSES : L'ÉMERGENCE DES *MAINTENANCE STUDIES*

Par Jérôme Denis et David Pontille

Pendant des années, l'innovation a semblé le seul horizon possible, acceptable, souhaitable pour guider la marche du monde, jusqu'à devenir un bien en soi, une valeur intrinsèque qui ne saurait être remise en cause. Au point que si une innovation s'avérait poser problème, quel que soit le domaine, une seule solution semblait possible : innover encore, innover mieux. Depuis quelque temps, la machine semble toutefois se gripper. D'autres figures viennent faire de l'ombre à ce mot d'ordre, certaines l'attaquent frontalement. La plus visible aujourd'hui est sans doute celle de la réparation. Sur les plans économique, démocratique,

médiatique, sanitaire, et bien évidemment environnemental, le constat est largement partagé : les choses vont mal. Les dégâts sont considérables et chacun y est confronté dans sa vie quotidienne. Face aux tentations de la course en avant et de la disruption généralisée, des voix se font entendre et des actions de plus en plus nombreuses sont mises en œuvre afin de changer de cap. Toutes l'affirment à leur manière, il est urgent de réparer. Réparer les produits de consommation trop vite obsolètes, réparer les femmes et les hommes brisés, réparer les marchés, réparer la démocratie, réparer le monde.

Comme l'ont montré de nombreuses enquêtes dans le domaine des *science and technology studies*, le déplacement qu'opère la réparation face à la figure omnipotente de l'innovation est précieux pour les sciences humaines et sociales qui interrogent la place des technologies dans les sociétés, de la philosophie à la sociologie, en passant par l'économie « hétérodoxe » et l'archéologie. Le temps de la réparation est en effet celui de la réflexivité, de la réouverture des possibles. Réparer, c'est toujours reconsidérer, identifier ce qui a été perdu et revendiquer ce qu'il s'agit de restaurer. Opération éminemment politique, la réparation est depuis longtemps un point d'entrée privilégié par où défaire les évidences du progrès scientifique et technique.

Depuis quelques années, en parallèle de cet intérêt grandissant envers la figure de la réparation, les activités de maintenance ont progressivement focalisé l'attention de plusieurs chercheurs qui, outre les études des sciences et des techniques, sont issus de disciplines variées comme l'histoire des techniques, la géographie humaine, la sociologie de l'art ou encore l'anthropologie des cultures matérielles. Leurs travaux soulignent les particularités de vastes domaines de pratiques qui contrastent tout autant, si ce n'est plus, avec les obsessions pour l'innovation.

Au-delà des nombreux aspects que les deux domaines d'activités ont en commun, la maintenance mérite d'être distinguée de la réparation à plusieurs titres. Non pas dans le but d'en délimiter *a priori* les caractéristiques et les frontières, mais plutôt dans celui de prendre au sérieux les préoccupations spécifiques qui l'animent. La principale différence porte sur la question de la rupture. Faire de la réparation un site de recherche stratégique revient en effet à focaliser l'attention sur l'un des plus grands angles morts de l'innovation : la casse. C'est en premier lieu la panne, l'accident ou la catastrophe qui arrêtent la marche du progrès ou l'usage routinier et produisent les conditions d'une béance ontologique. Ces surgissements sont indissociables de la réparation telle que l'interrogent les sciences sociales qui s'appuient pour la plupart sur la distinction heideggérienne entre l'outil «*transparent*» de l'usage routinier et l'outil «*problématique*» que fait surgir la situation de casse ou de panne. La réparation, précédée de la panne, fait donc événement, temps circonscrit qui s'ouvre brutalement par l'interruption du cours des choses et se referme par sa reprise.

La maintenance se présente de ce point de vue comme l'exact opposé de la réparation. Elle est d'abord tout sauf exceptionnelle. C'est d'ailleurs ce qui en fait un domaine d'activités si peu remarqué et si peu étudié jusqu'ici (à l'exception des cas très particuliers de systèmes à haut niveau de risques). La maintenance est faite d'activités répétitives qui apparaissent le plus souvent insignifiantes. Elle est rarement spectaculaire. Surtout, contrairement à la réparation, elle n'a ni début ni fin. On peut en effet « avoir réparé » quelque chose (un téléphone, un pont, une chaîne de vélo) et considérer que l'on n'a plus à le faire. Le participe passé se transforme alors en adjectif attaché à l'objet qui est alors *réparé* et peut le rester un temps indéfini. À l'inverse, si l'on cesse de maintenir cette même chose (en ne mettant plus à jour le système de son téléphone, en n'inspectant plus un pont et en ne comblant plus les fissures qui apparaissent sur ses piles, en arrêtant de graisser la chaîne de son vélo et en ne maintenant plus la pression des pneus), elle n'est plus maintenue. La maintenance est affaire de continuité.

Elle est toute entière tournée vers l'évitement de la rupture. En conséquence, l'ordre sociomatériel qu'elle entretient ne peut être appréhendé comme un préalable qu'il s'agirait de restaurer mais, au contraire, comme le résultat fragile, mouvant, d'opérations incessantes, bien souvent négligées par celles et ceux qui en bénéficient. Enfin, alors que la réparation est un bon terreau pour l'apparition de héros qui «font la différence», la maintenance est accomplie par un peuple d'innombrables anonymes dont le travail, essentiellement reproductif, n'est presque jamais reconnu ni valorisé.

On l'aura compris, ces écarts entre maintenance et réparation portent moins sur des types d'opérations spécifiques, facilement identifiables et mécaniquement différentiables, que sur des objets d'enquête et de recherche. La maintenance est ponctuée d'interventions qui peuvent être considérées comme relevant du domaine de la réparation. L'enjeu académique et politique se situe dans le cadrage de ces opérations. Au lieu de s'y restreindre en faisant de l'horizon événementiel de l'ordre restauré le périmètre de l'analyse et de l'ouverture critique, nous proposons de considérer la maintenance avec ses préoccupations propres, comme le point d'entrée de l'exploration. Que fait-on après avoir réparé ? Que fait-on pour éviter les réparations ? Comment la réparation elle-même s'inscrit-elle dans le rythme continu de la maintenance ?

Une grande partie des éléments évoqués ici ont été mis en lumière par Mierle Laderman Ukeles dès la fin des années 1960. Depuis la rédaction du *Manifesto for Maintenance Art, 1969!*[1], cette artiste, véritable marraine des *maintenance studies*, œuvre en effet à faire de la maintenance un art et cherche à former une coalition entre celles et ceux – des femmes au foyer jusqu'aux éboueurs – qui participent à l'entretien quotidien du monde[2]. La tâche n'est pas simple et l'enjeu politique est considérable. Face aux figures indissociables du créateur (bien souvent masculin) et du geste original, pierres de touche de l'art moderne, Laderman Ukeles veut faire compter les inconnu·e·s et leurs actes routiniers, qui produisent et reproduisent sans relâche la trame des sociétés contemporaines. Son programme vaut comme une invitation aux sciences humaines et sociales. Continent encore largement inexploré dans le monde des relations qu'entretiennent les humains et les choses, la maintenance est faite d'une multitude d'interventions à bas bruit, incessantes, généralement réalisées par des quidams qui déploient sous nos yeux des voies par lesquelles prendre soin des choses et se préoccuper de la vulnérabilité du monde.

Les travaux que l'on peut rassembler sous l'étiquette des *maintenance studies* sont évidemment variés[3]. Ils portent sur des objets et des situations très divers, et il serait déplacé de les présenter comme un bloc complètement cohérent. Outre un intérêt envers un même domaine d'activités, ils partagent toutefois quelques lignes analytiques fortes. Deux d'entre elles méritent d'être soulignées. La première renvoie à la question de la division du travail. La maintenance se joue en effet à la frontière de positions bien spécifiques, notamment entre celles et ceux qui utilisent les objets, les technologies, les infrastructures, et celles et ceux qui doivent veiller au jour le jour à leur bon fonctionnement. Ces positions ne vont pas de soi. Elles sont l'objet de nombreux débats et méritent d'être analysées au plus près des situations de maintenance spécifiques. La seconde piste analytique porte sur la trame matérielle du monde, dont l'appréhension en sciences sociales est profondément bousculée par les enquêtes sur la maintenance.

Who cares ?

À qui doit revenir la charge de la maintenance ? Qui doit prendre soin des choses ? La question est au cœur des problématisations politiques de la maintenance depuis longtemps. Elle n'est cependant pas aussi univoque que l'on pourrait l'imaginer au premier abord. Elle pointe en réalité vers deux problèmes distincts. Le premier, le plus évident sans doute, est une affaire d'économie morale du travail. La maintenance est un processus largement invisibilisé, discrédité, et celles et

ceux qui l'accomplissent demeurent des anonymes. Parce qu'ils sont la plupart du temps en bas de l'échelle des travailleurs, parce qu'ils font un « sale boulot », les mainteneuses et les mainteneurs ne comptent pas, beaucoup moins en tout cas que les innovateurs et les utilisateurs. Il y a sur ce sujet matière à faire entrer la maintenance en politique, en appelant à mieux considérer ses *unsung heroes*. C'est le propos principal de l'œuvre de Laderman Ukeles et c'est un objectif que partagent nombre des chercheuses et chercheurs qui façonnent le domaine des *maintenance studies*. Ils s'inscrivent ce faisant dans la lignée des travaux de Susan Leigh Star[4], qui appelait dès les années 1990 à faire « *remonter à la surface* » le travail invisible, quel qu'il soit. Comprendre le rôle des gardiens d'immeubles dans l'entretien d'un bâtiment[5], mettre en lumière les compétences des différents intervenants qui participent dans les pays du Sud à faire durer des objets techniques considérés comme des rebuts au Nord[6], souligner la place des effaceurs de graffitis dans la fabrique de l'ordre public[7] ou encore les formes d'engagement des consommateurs dans le prolongement de la vie des objets de consommation[8] sont ainsi des gestes descriptifs, analytiques, mais également politiques.

L'idée que la maintenance ne compte pas assez et que celles et ceux qui l'accomplissent restent aux marges du monde n'est par

ailleurs pas un problème académique qui resterait circonscrit aux débats entre spécialistes. Depuis quelques années, les discussions et les controverses fleurissent à propos du manque de moyens dont pâtit la maintenance dans différents secteurs d'activité, au premier rang desquels la gestion des infrastructures. Réseaux d'énergie, d'approvisionnement en eau, routes, ouvrages d'art… Dans les pays du Nord, supposés riches et donc bien équipés, les nombreux accidents qui touchent ces objets particulièrement sensibles font émerger de nouvelles interrogations quant à la place que doit prendre (ou qu'aurait dû prendre depuis longtemps) la maintenance dans l'économie contemporaine, aux modalités de son financement et au refus des négligences passées. Le contraste est grand, évidemment, avec les promesses de la disruption et de l'innovation radicale instaurées en moteurs de nos sociétés contemporaines et du bien-être général.

Cela dit, depuis quelques années la question « qui doit maintenir ? » a pris une tournure sensiblement différente. Loin de la figure du sale boulot, la maintenance est devenue dans certains domaines un terrain de luttes, des femmes et des hommes se battant pour obtenir le droit de maintenir des objets, en opposition avec les grands groupes industriels qui cherchent à contrôler au maximum le cycle de vie des produits qu'ils mettent sur le marché.

Ces luttes pour un « droit à la réparation » ont donné lieu à des batailles légales intenses, en particulier aux États-Unis, d'abord à l'initiative des garagistes indépendants qui voulaient défendre leur droit à réparer et entretenir tous les véhicules, quels qu'en soient la marque et le modèle. Plus récemment, les technologies dites numériques ont été l'objet de controverses particulièrement véhémentes sur le sujet. Deux objets sont devenus emblématiques des enjeux soulevés par les activistes : les téléphones portables de la marque Apple et les tracteurs John Deere. Les premiers font l'objet d'un face-à-face de longue haleine dans lequel l'industriel ne cesse d'entraver les conditions d'une maintenance qui se ferait hors de ses centres agréés, rompant la garantie à la moindre intervention extérieure, voire empêchant de fonctionner tout téléphone ayant fait l'objet de modifications parallèlement au circuit officiel [9]. Les tracteurs John Deere ont fait quant à eux l'actualité lorsque des agriculteurs ont avoué avoir eu recours à des *hackers* afin de réparer leur outil de travail en contournant les obstacles logiciels mis en place par la marque [10]. Depuis quelques années, les luttes se sont déplacées du côté de la régulation aux États-Unis comme en Europe, où des groupes d'influence travaillent à l'émergence de projets de lois autour d'un accès élargi aux possibilités de réparation des objets de consommation courante et à la mise en place de nouvelles exigences en termes de réparabilité. Ces luttes sont d'une grande importance politique. La distribution du travail de maintenance y apparaît comme le site de renégociation du périmètre de la propriété, aussi bien matérielle qu'intellectuelle, et des pouvoirs accordés aux usagers. Le mouvement du « droit à la réparation » s'inscrit de surcroît directement dans les débats à propos du rôle de la consommation dans la transition écologique. Aider chacun à prolonger la durée de vie des objets qu'il possède est une voie revendiquée, notamment face aux solutions de recyclage généralisé, afin de freiner la surproduction contemporaine.

Fragilités matérielles

À côté de ces problématiques finalement assez traditionnelles, les *maintenance studies* font également des incursions remarquées du côté des choses elles-mêmes et de la compréhension de leur place dans la trame des vies contemporaines. Parce qu'elle s'opère au contact direct de la matière, la maintenance est en effet un site de recherche précieux pour alimenter les réflexions que les sciences humaines et sociales poursuivent depuis longtemps sur la « physicalité » du monde. Au fil des années, les appels issus de divers domaines de recherches se sont faits de plus en plus nombreux afin que le rôle des objets techniques soit pris en considération dans l'analyse des phénomènes sociaux. Mais cette masse manquante, avec laquelle il faudrait désormais compter pour décrire le social et qui, chez certains, se trouve rassemblée autour du vocabulaire imprécis de la « matérialité », apparaît bien souvent, dans ces plaidoyers, univoque et réduite aux seules dimensions de la robustesse et de la permanence. Même lorsqu'il est appréhendé à travers sa capacité à agir, à « faire une différence » et pas seulement comme un élément qui « résiste », l'objet technique est généralement décrit sous ses plus beaux atours, parfaitement fonctionnel, tout-puissant[11]. L'observation des pratiques de maintenance au plus près de leur accomplissement invite à élargir considérablement le propos en plaçant au cœur des préoccupations la question de la fragilité matérielle. Largement négligée, voire ignorée, la fragilité est le point de départ de toute activité de maintenance. Aux yeux des maineteuses et des mainteneurs, elle n'est pas le symptôme d'un écart à la marche « naturellement » ordonnée du monde, mais la condition commune des choses, ce pour quoi il faut en prendre soin. Le mot soin ici n'est pas anodin, et plusieurs textes des *maintenance studies* se sont attelés à tisser des liens entre leurs enquêtes et les travaux des théoriciennes féministes du *care* qui ont montré, dans les termes de Joan Tronto[12], que la « *vulnérabilité du monde* » était la prémisse de toute activité de soin. C'est le sens même du travail artistique de Laderman Ukeles, dont les performances peuvent être considérées comme un « *laboratoire du care* ».

L'une des particularités des *maintenance studies* réside dans le sérieux avec lequel elles considèrent l'expérience pratique des maineneuses et des maineneurs. Loin d'en faire un objet de recherche exotique face auquel il faudrait garder une certaine distance, elles partent des situations de maintenance et de ce que celles et ceux qui s'y engagent sont appelés à réaliser afin de comprendre ce qui est en jeu. C'est particulièrement saillant à propos de la vulnérabilité matérielle qui, si elle est une condition commune à toutes les choses, ne pose jamais exactement les mêmes problèmes pratiques et surtout ne se manifeste ni immédiatement ni de manière identique. Un apport important de ces travaux est ainsi de documenter, dans la veine pragmatiste de William James, les enquêtes matérielles que réalisent les maineneuses et les maineneurs afin d'explorer et de mettre à l'épreuve à la fois les choses dont ils s'occupent, le milieu au sein duquel elles évoluent et leurs propres capacités à en prendre soin. Largement au-delà d'une bien pauvre « matérialité » du monde, ces enquêtes immergent celles et ceux qui les mènent dans l'écologie touffue des matériaux qui participent à l'existence des choses à maintenir. L'activité la plus ordinaire apparaît dans toute son épaisseur, y compris philosophique. Maintenir revient en effet toujours, plus ou moins explicitement, à faire l'expérience concrète de la vitalité de la matière et des relations complexes, parfois indéterminées, qu'entretiennent les éléments en présence, telles que les décrivent dans leurs textes les plus théoriques Jane Benett, Tim Ingold ou encore Karen Barad.

En suivant la trace de Laderman Ukeles et en faisant compter la maintenance comme domaine d'activités à part entière, les *maintenance studies* en explorent donc les subtilités et soulignent les difficultés pratiques et politiques de sa mise en œuvre ainsi que la diversité des formes qu'elle peut prendre. Ces enquêtes issues de la sociologie, de la géographie, de l'anthropologie et de l'histoire n'ont pas vocation à être seulement documentaires. Elles effectuent aussi un travail conceptuel au plus près des expériences contrastées de maintenance. Une large part de ces travaux fonctionne ainsi comme opérateur de ce qu'Yves Citton appelle une « *transfusion de l'attention*[14] » : une invitation à recalibrer notre perception en prêtant attention à l'attention des maineneuses et des maineneurs. Apprendre à être attentif à la fragilité du monde, savoir explorer les interdépendances socio-matérielles dont sont faites nos vies, comprendre comment prendre soin des choses comme des personnes… Autant de pistes que débroussaillent peu à peu ces autrices et ces auteurs, lesquel·les ne cessent de montrer que la maintenance ne se réduit pas à la reproduction mécaniste d'un ordre socio-matériel qui la précèderait, mais est le résultat d'un travail ininterrompu dont la portée toujours incertaine est éminemment politique.

1. Le manifeste est reproduit dans J. Burnham, « Problems of criticism », *Artforum*, 1971, p. 40-45.
2. P. Phillips, *Mierle Laderman Ukeles*, Prestel, New York, 2016.
3. On trouvera un aperçu dans le numéro spécial de la revue en ligne *continent* (2017, n° 6.1) coordonné par L. Houston, D. K. Rosner, S. J. Jackson et J. Allen (continentcontinent.cc/index.php/continent/issue/view/27) ; dans I. Strebel, A. Bovet et P. Sormani (dir.), *Repair Work Ethnographies. Revisiting Breakdown, Relocating Materiality*, Palgrave Macmillan, Singapour, 2019 ; ou encore dans J. Denis et D. Pontille, « Why do maintenance and repair matter ? », *in* A. Blok, I. Farías et C. Roberts (dir.), *The Routledge Companion to Actor-Network Theory*, Routledge, Londres, 2019, p. 283-293.
4. S. L. Star, « The ethnography of infrastructure », *American Behavioral Scientist*, vol. 43, n° 3, 1999, p. 377-391.
5. I. Strebel, « The living building : towards a geography of maintenance work », *Social & Cultural Geography*, vol. 12, n° 3, 2011, p. 243-262.
6. L. Houston, « Mobile phone repair knowledge in downtown Kampala. Local and trans-local circulations », *in* A. Bovet et P. Sormani (dir.), *Repair Work Ethnographies, op. cit.*, p. 129-160 ; S. J. Jackson, A. Pompe et G. Krieshok, « Repair worlds. Maintenance, repair, and ICT for development in rural Namibia », Proceedings from CSCW'12, 2012, Seattle.

7. J. Denis et D. Pontille, « L'effacement des graffitis à Paris. Un agencement de maintenance urbaine », *in* N. Dodier et A. Stavrianakis (dir.), *Les Objets composés. Agencements, dispositifs, assemblages*, Éditions de l'EHESS, Paris, 2018, p. 41-74.

8. N. Gregson, A. Metcalfe et L. Crewe, « Practices of object maintenance and repair : how consumers attend to consumer objects within the home » *Journal of Consumer Culture*, vol. 9, n° 2, 2009, p. 248-272.

9. Kyle Wiens, le fondateur de iFixIt, est l'une des figures de proue de cette lutte et du mouvement « Right to repair » aux États-Unis.

10. Jason Koebler, « Why American farmers are hacking their tractors with Ukrainian firmware », *Motherboard*, 21 mars 2017, < www.vice.com/en_us/article/xykkkd/why-american-farmers-are-hacking-their-tractors-with-ukrainian-firmware >, consulté le 17 décembre 2019.

11. F. Domínguez Rubio, « On the discrepancy between objects and things », *Journal of Material Culture*, vol. 21, n° 1, 2016, p. 59-86.

12. J. C. Tronto, *Un monde vulnérable. Pour une politique du care*, La Découverte, Paris, 1999.

13. C. Ibos, « Mierle Laderman Ukeles et l'art comme laboratoire du care. "Lundi matin, après la révolution qui s'occupera des poubelles ? " », *Cahiers du genre*, n° 66, 2019, p. 157-179.

14. Y. Citton, *Pour une écologie de l'attention*, Le Seuil, Paris, 2014.

LES ANGLES MORTS DE L'ACCÉLÉRATIONNISME « DE GAUCHE »

Par Nidal Taibi

Continuer à accélérer, débrider toujours plus les flux de capitaux, pousser plus loin encore les technologies qui enserrent nos vies et prendre appui sur elles afin d'instaurer la fin du travail : à l'heure où l'industrialisation du monde se révèle comme la catastrophe la plus grave de l'histoire de l'humanité, voilà qui pourrait relever de l'antinomie. Le courant de pensée qui défend cette thèse attire néanmoins de plus en plus d'intellectuels se réclamant de la gauche anticapitaliste, parmi lesquels on compte le philosophe italien Antonio Negri, le théoricien critique britannique Mark Fisher ou encore l'intellectuel suisse Yves Citton. Si cette pensée a été révélée au grand jour grâce au *Manifeste accélérationniste*, et largement débattue depuis, ses soubassements et filiations théoriques et politiques sont restés dans l'ombre.

Après l'effervescence et le bouillonnement intellectuels dont la France et l'Europe furent le laboratoire à la fin des années 1960 et au début des années 1970, le structuralisme, l'existentialisme, le féminisme, le poststructuralisme ou encore les théories du désir ont retenu l'essentiel de l'attention des historiens des idées et des observateurs. Il faudra attendre 2010 pour que Benjamin Noys, professeur de théorie critique à l'université de Chichester et auteur de l'ouvrage z, identifie un « moment accélérationniste » qui a marqué la même période. Cette tendance accélérationniste a selon lui trouvé son expression la plus explicite et vigoureuse chez Gilles Deleuze et Félix Guattari. Dans un célèbre passage de l'*Anti-Œdipe*, souvent évoqué et cité par les accélérationnistes aujourd'hui, le célèbre tandem écrit : «*Mais quelle voie révolutionnaire, y en a-t-il une ? – se retirer du marché mondial, comme Samir Amin le conseille aux pays du tiers-monde, dans un curieux renouvellement de la "solution économique" fasciste ? Ou bien aller en sens contraire ? C'est-à-dire aller encore plus loin dans le mouvement du marché, du décodage et de la déterritorialisation ? Car peut-être les flux ne sont pas encore assez déterritorialisés, pas assez décodés, du point de vue d'une théorie et d'une pratique des flux à haute teneur schizophrénique. Non pas se retirer du procès, mais aller plus loin, «accélérer le procès», comme disait Nietzsche : en vérité, dans cette matière, nous n'avons encore rien vu*[1].»

Longtemps refoulée, la pensée accélérationniste a été remise à l'ordre du jour du débat intellectuel depuis le 14 mai 2013, grâce au désormais célèbre et controversé *#ACCELERATE. Manifesto for an Accelerationist Politics*[2]. Rédigé par Nick Srnicek et Alex Williams, alors simples thésards, le manifeste soutient la thèse qui suit : si elle veut renverser le capitalisme, la gauche doit le dépasser au lieu de lui résister ; à cette fin, elle doit adopter une «*politique accélérationniste*». Elle doit «*tirer parti de toute avancée scientifique et technologique

rendue possible par la société capitaliste*», car «*seule une politique prométhéenne de maîtrise maximale sur la société et son environnement peut permettre de faire face aux problèmes globaux ou atteindre une victoire sur le capital*». Les acquis du capitalisme, soutiennent les auteurs, doivent être «*réorientés*».

Les tournures stylistique et rhétorique du *Manifeste accélérationniste*, son ton hérétique, ses formules incisives et sa revendication d'une certaine *volonté de puissance* ont certainement de quoi appâter le lecteur excité. Son intérêt principal réside cependant dans la tentative d'opérer une révolution copernicienne au sein de l'*hémisphère gauche*[3]. Comme l'admettent Srnicek et Williams eux-mêmes, «*s'il y a un système qui s'est trouvé associé aux idées d'accélération, c'est bien le capitalisme*». On peut retrouver les germes de cette idée chez des auteurs «classiques» comme Karl Marx, Max Weber, Émile Durkheim ou encore Georg Simmel. Mais c'est le sociologue allemand Hartmut Rosa qui l'a théorisée de la manière la plus systématique et rigoureuse : «*Lorsqu'on cherche les mécanismes qui sous-tendent et relient les processus d'accélération et de croissance dans la société moderne, il ne peut y avoir de doute sur le fait que les principes essentiels et les lois du profit inhérents à l'économie capitaliste jouent ici un rôle majeur*[4].»

Salués et présentés comme radicaux, iconoclastes, subversifs et

en rupture avec une «tradition mélancolique[5]» qui handicaperait la gauche, la thèse et le programme du *Manifeste* ont suscité un engouement international. Un an après sa parution, les philosophes Armen Avanessian et Robin Mackay publiaient l'ouvrage collectif *#Accelerate#. The Accelerationist Reader*[6], une anthologie «accélérationniste» transdisciplinaire discutant et prolongeant les directions du *Manifeste*. En France, en 2016, Laurent de Sutter reprenait dans l'ouvrage *Accélération !*[7] l'essentiel de cette anthologie, augmentée de textes dont on retiendra celui du philosophe Antonio Negri, «Accélérer la politique».

Une analyse serrée de ces textes – à commencer par le *Manifeste* lui-même – permet en effet d'observer à quel point ce courant est établi sur les théories – développées par et autour de Negri – de l'Empire et du capitalisme cognitif et, donc, sur l'hypothèse que du développement technologique et de l'organisation du travail qu'il rend possibles naîtra le dépassement du capitalisme par la coopération des intelligences – le fameux *general intellect* de Marx.

Les habits neufs de l'Empire

Antonio Negri fut l'un des premiers à réagir au *Manifeste accélérationniste*, souscrivant à sa thèse à quelques réserves près. Figure majeure de l'opéraïsme[8] et de l'extrême gauche dans les années 1960 et 1970, le marxiste italien a ainsi contribué à la structuration et à la notoriété de l'accélérationnisme. L'article qu'il lui a consacré témoigne d'un enthousiasme qui, à vrai dire, n'est guère surprenant. Afin de bien saisir la réception négriste du *Manifeste* et les enjeux qu'elle recèle, il faut revenir à sa théorie de l'Empire.

Coécrit avec Michael Hardt, *Empire* fut publié en 2000. Avec la chute des régimes communistes et l'accélération de la mondialisation, y défendent les auteurs, un nouvel ordre mondial s'est imposé : l'Empire. Dépourvu de centre territorial du pouvoir, l'Empire « *ne s'appuie pas sur des frontières ou des barrières fixées. C'est un appareil* décentralisé *et* déterritorialisé *de gouvernement, qui intègre progressivement l'espace du monde entier à l'intérieur de ses frontières ouvertes et en perpétuelle expansion*[9] », écrivent-ils. Et de préciser : « *Le concept d'Empire pose en principe un régime qui englobe la totalité de l'espace ou qui dirige effectivement le monde "civilisé" dans son entier*[10]. » Ici, Hardt et Negri reprennent, tout en rompant avec elle, la dialectique dedans/dehors élaborée par Rosa Luxemburg dans *L'Accumulation du capital*. Suivant la logique expansive qui lui est intrinsèque, le capitalisme, explique la philosophie allemande, a vitalement besoin d'un dehors[11]. C'est cette frontière dedans/dehors qu'abolissent Negri et Hardt. Contrairement aux impérialismes « classiques » du XXᵉ siècle analysés par Luxemburg, ils estiment que l'Empire a absorbé

tout le dehors. Plus rien n'existe que le dedans. Il faut voir ce parti pris théorique de Negri à la lumière de l'influence qu'ont exercée sur lui les philosophes français des années 1960 et 1970. Ceux-ci, en particulier Gilles Deleuze, ont élaboré leur philosophie sur des bases antidialectiques. La rupture avec la dialectique proprement hégélienne du dedans/dehors, qu'opère ici Negri, est strictement la transposition sur le terrain géopolitique de leur approche philosophique.

Ce diagnostic sert à Negri d'axiome non dit dans « Accélérer la politique ». Sans jamais mobiliser explicitement le concept, Negri redéploie l'essentiel de l'*Empire* dans son article. Dans « Accélérer la politique », il soutient que « *l'époque la plus moderne qu'il nous ait été donné de vivre nous a montré qu'il n'y a rien d'autre qu'un "dedans" de la mondialisation, qu'il n'existe désormais aucun "dehors"* ». C'est notamment sur cette base qu'il estime que « *l'accélération a toutes les caractéristiques d'un dispositif-moteur, d'un processus expérimental de découverte et de création à l'intérieur de l'espace de possibilité déterminé par le capitalisme lui-même* ». On retrouve le même présupposé dans le *Manifeste* lui-même et chez d'autres auteurs accélérationnistes. C'est le cas notamment de Armen Avanessian, qui doute que « *dans une perspective accélérationniste* », un « *en-dehors utopique du système capitaliste soit tout simplement possible* »[12].

Le tableau *lisse* et décentralisé de l'ordre mondial défendu par Negri a bien sûr rencontré de nombreuses critiques. Alex Callinicos rappelle ainsi que les institutions internationales non seulement restent « *dominées par les pouvoirs capitalistes occidentaux, mais elles sont aussi l'expression des conflits qui divisent ces pouvoirs, et qui opposent en particulier les États-Unis au Japon et à l'Union européenne (elle-même loin d'être homogène)*[13] ». L'espace géopolitique reste bien traversé de « *conflits interimpérialistes [qui] demeurent une caractéristique significative du capitalisme contemporain* ». L'actualité des tensions commerciales entre les États-Unis de Trump et la Chine, d'une part, et la course aux armements nucléaires, relancée en début août 2019, d'autre part, viennent confirmer cette analyse.

Vous avez dit « *cognitariat* » ?

L'autre pilier sur lequel repose l'accélérationnisme est la théorie du capitalisme cognitif. Ainsi, dans le *Manifeste accélérationniste*, Srnicek et Williams s'inquiètent du rétrécissement du « *cognitariat des travailleurs intellectuels d'élite* », dû, selon eux, aux contraintes qui lui seraient imposées par le système néolibéral. En accord avec ce postulat, Antonio Negri défend « *la puissance du travail cognitif que le capitalisme détermine et en même temps réprime* ». De quoi s'agit-il précisément ? Si l'on veut comprendre l'horizon politique et anthropologique dans lequel s'inscrivent ces énoncés, il faut en passer par une (très) brève généalogie du capitalisme cognitif. Un détour par l'histoire de l'opéraïsme s'impose.

En Italie, jusqu'au début des années 1960, la figure centrale des luttes sociales était l'ouvrier professionnel et qualifié qui travaillait à l'usine et se caractérisait par une forte conscience de classe. Les travailleurs étaient alors « *dotés d'une forte mémoire et d'une conscience antifasciste très marquée*, souligne le sociologue Claudio Albertani, [ils] *déclaraient avec fierté "appartenir à la nation ouvrière"* […] *mais à ce moment-là les industries du Nord éprouvaient un besoin croissant de main-d'œuvre bon marché afin d'impulser le développement des secteurs automobile et pétrochimique*[14] ». Face à cette conjoncture, les entreprises allaient massivement recruter de jeunes travailleurs en provenance du Sud, « *qui n'avaient ni la culture politique ni les valeurs de la Résistance* ». Tandis que les syndicats choisissaient d'adopter une attitude de méfiance à l'égard de cette nouvelle classe de travailleurs, les opéraïstes, eux, décidaient de défendre le potentiel révolutionnaire de ces néoouvriers. Le conflit social dont fut le théâtre l'usine Fiat en 1962 et durant lequel les travailleurs de l'usine, majoritairement fraîchement arrivés du sud du pays, firent preuve d'une remarquable combativité, vint conforter la ligne opéraïste. « *Accusés d'avoir signé des contrats-poubelle, les syndicats officiels furent ignorés par des dizaines de milliers d'ouvriers en grève* », précise Albertani.

Dans ce climat de méfiance vis-à-vis des organisations syndicales et politiques officielles, les opéraïstes, autour de la revue *Quaderni Rossi*, cherchaient à s'en émanciper intellectuellement en se forgeant leurs propres armes conceptuelles. Ils proposèrent alors de nouvelles interprétations et recherches dans le corpus marxiste, dont la plus déterminante fut la découverte des *Manuscrits de 1857 et 1858*, connus sous le nom de *Grundrisse*, pratiquement inconnus jusque-là. Parmi les centaines de pages de ce brouillon – qui avait servi de base au livre I du *Capital* –, un chapitre en particulier, « Fragment sur les machines[15] », est devenu la bible des opéraïstes. Dans ce texte, du moins tel qu'il le présentèrent, Marx prophétise que dans le capitalisme tardif la connaissance se substituera au travail en tant que principal facteur de production. Alors que l'économie politique classique, y compris le marxisme, conçoit la valeur en fonction de la quantité de travail, les opéraïstes, invoquant le concept de « *general intellect* » qu'avance Marx dans ce « Fragment sur les machines », estiment la valeur en termes de « *quantité de savoir* ». Ce sera le fondement de la notion de capitalisme cognitif, qui considère que ce savoir se diffuse de plus en plus largement dans l'ensemble de la société – ce qui implique l'abolition de la frontière travail/hors-travail dans le processus de production tel qu'il est décrit par l'économie politique classique.

Les accélérationnistes ont repris l'hypothèse « cognitiviste ». Le lien entre le moment opéraïste et la vague accélérationniste est donc Antonio Negri, qui va défendre cette vision économique – dont la théorisation la plus systématique a été élaborée par Yann-Moulier Boutang[16]. Dès les années 1970, « *Negri en est sûr, la prophétie de Marx s'est déjà réalisée : ce n'est plus le travail qui crée la richesse, mais la science et la technique, le* general intellect[17] », analyse Maria Turchetto.

Avec le développement technologique, les grilles d'analyse « cognitivistes » deviennent certes plus crédibles. L'économiste Michel Husson concède ainsi que le capitalisme « *développe de nouvelles formes d'emplois – que l'on peut si l'on veut baptiser "cognitifs" – où le savoir du travailleur et son investissement personnel hors temps de travail représentent une force productive qualitativement nouvelle que le capitalisme s'efforce de récupérer à son avantage*[18] ». Avant de préciser : « *Mais d'un autre côté, justement, le capitalisme reproduit des formes très classiques de prolétariat surexploité et réussit à intensifier le travail pour l'ensemble du salariat.* » Cette analyse a été récemment confirmée par l'enquête du sociologue Antonio Casilli publiée dans son ouvrage de 2019,

En attendant les robots. Enquête sur le travail du clic[19]. Celui-ci démontre que dans les milieux du travail numérique – censé, selon les « cognitivistes », être le lieu d'une activité cérébrale d'une haute complexité –, des millions de forçats du clic, rémunérés souvent à moins d'un centime par clic, restent l'objet d'une exploitation qui relève des logiques du capitalisme industriel. L'enquête de Casilli dément donc l'utopie de « fin du travail » qui sous-tend le discours accélérationniste.

D'après les accélérationnistes, si, malgré le développement technologique, la réduction du temps de travail – à défaut de sa fin – peine à se réaliser, le capitalisme en est la cause. Celui-ci, du fait de sa nature parasitaire et bureaucratique, *« capte »* le *« general intellect »* du *« cognitariat »*. Sur la base de ce diagnostic, les accélérationnistes appellent à *« réorienter »* la plateforme matérielle du capitalisme. Se pose alors une incontournable question stratégique et axiologique : quelles sont les nouvelles modalités et *valeurs* qui doivent régir la *« nouvelle plateforme technosociale postcapitaliste »* que les accélérationnistes appellent de leurs vœux ? La voie proposée a au moins le mérite d'être sans équivoque : un prométhéisme ouvert à la possibilité d'un transhumanisme. Le raisonnement qui précède cette conclusion est en réalité fort clair : si la technologie rend *possible* le transhumanisme, rien ne nous empêche de nous en priver.

On ne peut donc guère s'étonner que l'accélérationnisme soit également revendiqué par des libertariens et des figures de la Silicon Valley. Mais même l'extrême droite s'en est emparée. S'il ne faut évidemment pas amalgamer les noms des auteurs cités dans cet article à celui de Brenton Tarrant, auteur des attentats de Christchurch contre deux mosquées qui ont tué cinquante et une personnes, il est frappant de constater que ce dernier se décrit comme *« accélérationniste »* dans le manifeste qu'il a laissé après son acte du 15 mars 2019. Le terroriste y multipliait, en effet, les références à l'accélérationnisme, appelant notamment à *« accélérer la radicalisation de la société »*.

Mais il convient tout aussi bien de souligner que les accélérationnistes se présentant comme progressistes ne se prémunissent pas contre la confusion. Dans l'ouvrage collectif dirigé par Laurent de Sutter, par exemple, on voit cohabiter des auteurs comme Antonio Negri et Yves Citton avec un certain Nick Land, blogueur et écrivain anglais, défenseur du racialisme et de l'antiégalitarisme, théoricien de l'« *hyperracisme* » et figure éminente des milieux suprémacistes.

Faudrait-il dès lors voir dans l'accélérationnisme dit « de gauche » l'idiot utile, voire l'allié objectif de l'idéologie néolibérale ? Il est en tout cas évident que ce courant donne à voir un *cas* intéressant de la manière hégémonique dont le capitalisme est parvenu aujourd'hui à occuper les imaginaires, à imposer ses catégories, à pousser aux contradictions et à imprégner les schèmes de pensée, y compris de ceux qui se veulent subversifs ou anticapitalistes.

1. G. Deleuze et F. Guattari, *Capitalisme et Schizophrénie 1. L'Anti-Œdipe*, Paris, Minuit, 1972, p. 285.

2. N. Srnicek et A. Williams, «#ACCELERATE. Manifesto for an Accelerationist Politics», *Critical Legal thinking*, 14 mai 2013, <http://criticallegalthinking.com/2013/05/14/accelerate-manifesto-for-an-accelerationist-politics>.

3. Voir R. Keucheyan, *Hémisphère gauche. Une cartographie des nouvelles pensées critiques*, Paris, Zones/La Découverte, 2010.

4. H. Rosa, *Aliénation et Accélération. Vers une théorie critique de la modernité tardive*, Paris, La Découverte, 2012, p. 34 ; H. Rosa, *Accélération. Une critique sociale du temps*, Paris, La Découverte, 2010.

5. Sur les enjeux autour de cette formule, voir Enzo Traverso (qui en a une conception opposée, puisqu'il la considère comme une puissance): *Mélancolie de gauche. La force d'une tradition cachée (XIXe-XXIe siècle)*, Paris, La Découverte, 2016.

6. A. Avanessian et R. Mackay (dir.), *#Accelerate#. The Accelerationist Reader*, Falmouth/Berlin, Urbanomic&Merve, 2014.

7. L. de Sutter (dir.), *Accélération!*, Paris, PUF, 2016.

8. «Opéraïsme» signifie «ouvriérisme». On évite néanmoins la traduction littérale pour contourner les connotations syndicalistes du terme en français. L'opéraïsme, comme nous allons le voir, s'est développé sur l'antisyndicalisme. Pour une histoire de l'opéraïsme, voir S. Wright, *À l'assaut du ciel. Composition de classe et lutte de classe dans le marxisme autonome en Italie*, Marseille, Senonevero, 2007.

9. M. Hardt et A. Negri, *Empire*, Paris, Exils, 2000, p. 17.

10. *Ibid.*, p. 19.

11. Au sujet du rapport du capitalisme au «dehors», voir R. Luxemburg, «Analyse du schéma de la reproduction élargie de Marx», in *L'Accumulation du capital. Tome I*, Paris, François Maspero, 1976, p. 109-126, et «La reproduction du capital et son milieu», in *ibid.*, tome II, p. 25-43.V

12. A. Avanessian, «Accélérer l'université», *in* L. de Sutter (dir.), *op. cit.*, p. 228.

13. A. Callinicos, «Toni Negri, théoricien de l'Empire», *in* C. Bonfiglioli et S. Budgen (dir.), *La Planète altermondialiste*, Paris, Textuel, 2006, p. 172.

14. C. Albertani, «Toni Negri et la déconcertante trajectoire de l'opéraïsme italien», *À contretemps*, n° 13, septembre 2003, <http://acontretemps.org/IMG/pdf/AC13AlbertaniNegri.pdf>.

15. K. Marx, «Capital fixe et développement des forces productives», in *Manuscrits de 1857-1858 dits «Grundrisse»*, Paris, Éditions Sociales, 2011, p. 650-670.

16. Y. Moulier Boutang, *Le Capitalisme cognitif. La Nouvelle Grande Transformation*, Paris, Éditions Amsterdam, 2008.

17. M. Turchetto, «De l' "ouvrier masse" à l' "entrepreneurialité commune". La trajectoire déconcertante de l'opéraïsme italien», *in* J. Bidet et E. Kouvélakis (dir.), *Dictionnaire Marx contemporain*, Paris, PUF, 2001, p. 297.

18. M. Husson, «Fin du travail et revenu universel», *Critique communiste*, n° 176, juillet 2005, <http://hussonet.free.fr/centrali.pdf>.

19. A. Casilli, *En attendant les robots. Enquête sur le travail du clic*, Paris, Seuil, 2019.

43 € • 1 AN • 3 NUMÉROS

REVUE DU CRIEUR
BULLETIN D'ABONNEMENT

Je m'abonne pour 1 an (3 numéros)
à la REVUE DU CRIEUR à partir du numéro .....

Nom* ....
Prénom* ....
Établissement* ....
Adresse *..
....
Code postal* .... Ville* ....
Pays* ....
E-mail ....
Tél. ....
*mentions obligatoires

• Particuliers
☐ France et Dom-Tom 43 €   ☐ UE et Suisse 46 €
☐ Autres pays 50 €
• Institutionnels
☐ France et Dom-Tom 45 €   ☐ UE et Suisse 49 €
☐ Autres pays 53 €
Prix en vigueur à compter du **1er juillet 2015**, port compris.

Ci-joint mon règlement :
☐ Chèque libellé à l'ordre de : **Alternatives économiques**
☐ Carte bancaire (Carte bleue, Visa et Master-Eurocard uniquement) :
Numéro de carte : ____ ____ ____ ____
Date de validité : __ / ____
Cryptogramme (au dos de la carte) : ___
Date et signature :

Votre commande ne vous sera envoyée qu'après réception de votre paiement.

☐ Besoin d'une facture

Bulletin à retourner à :
Revue du Crieur – Éditions La Découverte
Service client
12, rue du Cap Vert
CS40010
21 801 Quetigny Cedex

Cochez la case si vous souhaitez recevoir des informations ou offres de la part
- des Éditions La Découverte ☐   *- de Mediapart* ☐

En application de la loi du 6 janvier 1978, vous disposez d'un droit d'accès
et de rectification des informations vous concernant et vous pouvez vous
opposer auprès d'Alternatives économiques à leur cession.

PROCHAIN NUMÉRO
JUIN 2020

Directeurs :
Stéphanie Chevrier, Edwy Plenel

Rédacteurs en chef :
Joseph Confavreux, Rémy Toulouse

Suivi d'édition :
Valentine Dervaux

Création graphique :
Agnès Dahan Studio
Agnès Dahan, avec Corentin Perrichot

Direction de la publication :
Stéphanie Chevrier

Retrouvez la *Revue du Crieur*
sur Facebook et Twitter.

ISBN : 978-2-348-05757-1
ISSN : 2428-4068

Diffusion Volumen/Interforum

© La Découverte/Mediapart, 2020

Achevé d'imprimer sur les presses
de l'imprimerie Clerc
à Saint-Amand-Montrond
Dépôt légal : février 2020

N° d'impression : : 14867

Imprimé en France

MEDIAPART
8, passage Brulon
75012 Paris

La Découverte
9 *bis*, rue Abel-Hovelacque
75013 Paris

MIXTE
Papier issu de
sources responsables
FSC® C003309

L'éditeur de cet ouvrage
s'engage pour la préservation
de l'environnement et utilise
uniquement du papier certifié
FSC®, issu de forêts gérées
de manière responsable.